亚布力
企业思想家系列丛书
Business Thinkers Series

特别鸣谢 关爱工 对本书的鼎力支持

变局

迎战"黑天鹅" 中国企业

亚布力中国企业家论坛 ◎ 编著

知识产权出版社
全国百佳图书出版单位
—北京—

图书在版编目（CIP）数据

变局：中国企业迎战"黑天鹅"/亚布力中国企业家论坛编著．—北京：知识产权出版社，2020.7

ISBN 978-7-5130-6992-2

Ⅰ.①变… Ⅱ.①亚… Ⅲ.①企业发展—研究—中国 Ⅳ.①F279.23

中国版本图书馆 CIP 数据核字（2020）第 098993 号

责任编辑：陈晶晶　　　　　　　　　　责任校对：谷　洋
封面设计：李志伟　　　　　　　　　　责任印制：刘译文

变局——中国企业迎战"黑天鹅"

亚布力中国企业家论坛　编著

出版发行：知识产权出版社有限责任公司	网　　址：http://www.ipph.cn
社　　址：北京市海淀区气象路 50 号院	邮　　编：100081
责编电话：010-82000860 转 8391	责编邮箱：shiny-chjj@163.com
发行电话：010-82000860 转 8101/8102	发行传真：010-82000893/82005070/82000270
印　　刷：三河市国英印务有限公司	经　　销：各大网上书店、新华书店及相关专业书店
开　　本：720mm×1000mm　1/16	印　　张：12.25
版　　次：2020 年 7 月第 1 版	印　　次：2020 年 7 月第 1 次印刷
字　　数：190 千字	定　　价：59.00 元
ISBN 978-7-5130-6992-2	

出版权专有　侵权必究
如有印装质量问题，本社负责调换。

信心是活出来的

胡葆森 ▶ 亚布力中国企业家论坛*2018—2019年度轮值主席
建业集团董事长

2019年是中华人民共和国成立70周年，改革开放已走过40多个年头，发生在占世界人口近1/5的中国的这场社会变革之于我们这个民族和整个人类的积极意义，注定是历史性的、不可替代的。中国民营企业作为这场变革全程的亲历者、见证者、参与者、受益者，应该常怀感恩之心，感谢时代给予我们和平、稳定、发展、开放的社会环境，以及工业化、城市化、全球化等创业发展的历史机遇。

2019年上半年，中国经济继续保持稳中有进，GDP（Gross Domestic Product，国内生产总值）同比增长6.3%，交出一份来之不易的成绩单。面对经济下行压力和贸易保护主义逆风，面对不断升级的中美贸易摩擦，很多企业家对经济形势的判断有些茫然，投资决策更为保守，信心也受到了一定的影响。2008年国际金融危机时，中央指出"信心比黄金更宝贵"，极大地鼓舞了企业家们的士气，10多年后，在当前错综复杂的经济环境下，这句话同样具有时代意义和现实价值。

企业家的信心从哪里来？我坚信，信心不是喊出来的，而是在扎实的业绩中干出来的。近期遭遇美国多方面封锁打压的华为，在2019年上半年依旧保持销售额同比增长23.2%的强劲态势。这样的增长背后，是华为凭借长久以来坚持研发投入、人才引进、技术创新等战略所建立的强大的核心竞争力。也正是自身实力的强大，使得华为在面临前所未有的危机时，

---

* 以下简称"亚布力论坛"。

变局——中国企业迎战"黑天鹅"

依然能够从容不迫。

改革开放40多年来,一大批优秀的民营企业如雨后春笋蓬勃生长,但也有不少民营企业折戟商海。据有关数据显示,中国民营企业平均寿命不足八年,多数企业之所以没有成长为"常青树",其根本原因在于没有坚守企业的初心,没有规划好行业和市场的边界,没有正确认识自身的能力,具体表现在面对诱惑时心浮气躁、急功近利、急于求成,导致"动作变形",偏离了自己的初心,违背了"天道酬勤、人道酬善、商道酬诚"的规律。

那么,企业如何才能打造"百年老店"基业长青呢?我认为要从以下四点做起:一是确定"两个边界"——企业要以自身价值观为原点,以能力为半径,以政策为导向去画一个圆,找到自身行业和市场的边界;二是掌握"四种能力"——盈利、持续盈利、增长、稳定增长能力,用这四种能力去构建企业生存发展的内功;三是建立"根据地"——要用匠心和匠人精神牢固建立企业的"根据地",要深挖河、筑高墙、打笨仗;四是培育"创新基因"——拥抱新技术、新模式、新思维。前几年,我们都在谈"互联网+",而现在,我们则需要去关注和认识5G(5th Generation Mobile Network,第五代移动通信技术)、AI(Artificial Intelligence,人工智能)、VR(Virtual Reality,虚拟现实技术)等技术创新为商业模式变革带来的无限可能。

习近平总书记在民营企业座谈会上强调:"保持定力,增强信心,集中精力办好自己的事情,是我们应对各种风险和挑战的关键。""办好自己的事情"就是要活好自己,脚踏实地、苦练内功,把产品做好,把客户服务好,把自己的日子过好。

这几年,从国家到地方出台了一系列深化改革、改善营商环境、支持民营企业更好发展的政策举措。那么,企业要想在当下的市场环境中过得有滋有味、丰衣足食、红红火火,除了要用足用好国家的政策红利,更要有"咬定青山不放松"的信心,有"衣带渐宽终不悔"的执着,有"不畏浮云遮望眼"的坚定,才能不怕"千淘万漉"的辛苦,不惧"东西南北风"的挑战,才能化压力为动力、化挑战为机遇,才能"吹尽狂沙始到金"。唯此,企业家的信心才会永不衰退。

自始至终精神

陈东升 ▶ 亚布力论坛理事长
　　泰康保险集团股份有限公司创始人、董事长兼CEO*

又到了闭幕的时间，这一次的夏季峰会应该说是创历史纪录了。亚布力论坛马上就"20岁"了，这么多年来，亚布力论坛基本形成一个格局和特色：开幕式是整个论坛的精华之精华，政府领导、重量级嘉宾拨冗出席，并给予指导，这是我们论坛的"头部"；现在，闭幕演讲也越来越有特色。

我们很清楚，起初在闭幕时留下的人不足整场活动参与人数的1/3。我们慢慢苦心经营，把像联影的董事长薛敏、拼多多的联合创始人达达，还有王巍这样的大咖放在闭幕式，使闭幕演讲在思想性、前瞻性、含金量上不亚于开幕式，这样慢慢地，闭幕式参与的人和开幕式差不多了。我也特别感谢闭幕式能留下这么多人，大家都是大咖、名人，都是忙人，一般都是讲演完匆匆而去，但这次却自始至终参与。

近20年来，亚布力论坛逐渐形成这样一个自始至终的习惯，也形成了一种自始至终的精神。有这种精神做指导，做企业也好，做任何事也好，一定会有好结果。

亚布力论坛有两个核心产品，一个是每年冬天在亚布力举办的年会，一个是夏季高峰会。冬天绽放思想光芒；夏天与政府衔接，参与地方经济建设，进行合作投资洽谈。2004年，我们从深圳出发，举办首届亚布力论坛夏季高峰会，此后从南走到北，从湖北又走到了天津。

这次亚布力论坛理事企业跟天津签了很多投资协议，再一次证明夏季高峰会不仅仅是一次头脑风暴，还能实实在在促进当地经济发展，也体现

---

* Chief Executive Officer，首席执行官。

了我们企业家和当地企业的相互融合。所以，这次会议成果从高的层面、从思想的层面、从促进地方经济发展的层面来说，有非常好的成果。

这次会议最响的词是"混改、转型"。亚布力论坛所有企业家和民营企业家一致坚定参与、支持天津的混改。混改这件大事，关系到天津经济发展，也关系到我们国家民族和企业发展，所以我们坚定地参与支持。其中，最大的亮点是亚布力论坛2017—2018年度轮值主席丁立国，他是非常优秀的"70后"青年企业家，他领导的德龙钢铁，参与天津渤海钢铁集团的混改，取得了非常好的成绩。

当然，我们碰到了"中美贸易摩擦"这样一个长久影响世界和中国经济发展的重大问题。我从经济学的角度讲，全球化就是一个产品的要素资源的全球配置，中美经济结构通过20年的融合渗透形成目前这样一个全球的高水平、高效率的产业生态体系。美国不惜破坏这样一个全球高效率的产业生态体系，不利于世界经济的发展。

大家都知道，2019年亚布力年会第一次实现了民企和国企大范围的高层次的融合，这次夏季高峰会国资委秘书长和宋志平董事长的演讲延续了这个特色。我觉得宋董事长的一句话——国企的实力加民企的活力就是企业竞争力，是这次会议的一个重大成果。

"中国商业心灵"是亚布力很重要的一个名牌项目。商业心灵就是习近平总书记讲的初心，昨晚几位企业家的初心让我们更认识到，一个成功的企业家一定是有他的初心，而且一定是几十年自始至终坚持他的初心，初心不变、初心不改，才有今天的硕果。就像过去马云讲的，"我今天的成功，都是十年前的因结的果。"

当然，这次我们还有多个分论坛，比如"公益论坛"集结了中国公益组织中领军的企业、基金和人物，也是亚布力"公益论坛"的一次高峰；"亚布力青年论坛"一直是我们"传帮带"传统的体现，年轻人正在成长，这也是亚布力论坛的特色。所有这些方面展现了亚布力论坛多年形成的特色和格局。

再一次感谢天津市委和天津市政府，再一次感谢我们所有的演讲嘉宾，再一次感谢所有的参会代表、企业家。最后，感谢我们的志愿者，感谢洪涛秘书长为首的所有工作人员。我宣布，第十五届亚布力论坛夏季高峰会圆满落幕。2020年，我们青岛见！

目录 CONTENTS

序
- I　信心是活出来的　胡葆森
- III　自始至终精神　陈东升

创业故事
- 003　我眼中真正的企业家　陈宗年
- 009　25年商业感悟：向上而生　向善而行　王梓木
- 015　我在做一件能改变世界的事　张跃
- 018　一条通向罗马的大路　刘东华
- 023　企业传承"四要"　刘永好

行业大势
- 029　把电影一部一部拍下去　王中军
- 034　巨变中的医疗影像行业　薛敏
- 038　新时期金融服务变化　洪崎
- 042　人口与中美科技竞争　梁建章

崛起新秀

- 049　产业互联网的未来，谁主沉浮
- 061　数字化与京津冀协同发展
- 068　5G，正在到来的新纪元
- 079　5G创新永远在路上
- 083　拼多多为什么能崛起
- 087　文旅地产该怎么玩
- 098　榜样青年

转型突围

- 123　脱贫事业的那些参与者与实践者们
- 135　迈向健康中国
- 146　破解在线教育难题
- 162　竞争时代下的企业战略之道
- 173　国际化与自主创新

后　记

- 185　企业家的定力从何而来

创业故事

　　我为什么要下海？弃政从商的初心是什么？我能找到的最充分理由是"寻求自由"。企业是企业家的自由王国，企业越大，企业家的自由王国就越大。

我眼中真正的企业家

文 陈宗年　海康威视数字技术股份有限公司董事长

中国能够在改革开放40多年中发展成为仅次于美国的世界第二大经济体，那些敢为人先并通过不断努力成功闯下一片天地的企业家做出了重要贡献，而企业之所以能发展壮大也离不开企业家的引领和带动。未来要振兴中国和全球经济，需要大量的企业家。

今天我想结合海康威视的发展，谈谈我对企业家成长的一些粗浅的看法和观点。

海康威视成立于2001年，当时来自中国电子科技集团公司第五十二研究所的28名创业者以视频技术为核心，从手掌大的那么一颗压缩板卡做起，持续改革、持续创新，不断为客户提供高质量的产品和服务，从而赢得了市场的信任，逐步发展壮大。如今，公司已经成为有数千亿元市值，围绕公共服务、企事业单位、中小企业和消费领域提供完整物联网解决方案和大数据服务的全球化高科技企业。2013年公司营收超过100亿元的时候，公司总经理在一个行业媒体论坛上就提到企业可以当猪养，也可以当儿子养。我们倾向于后者，这标志着我们的团队已经成功从最初的创业者转变到企业家这个角色。

近年来全国兴起创新、创业热潮，创业者层出不穷。涌现一个创业者是容易的事，但是要成长为一名优秀的企业家并不容易。中国企业在商业模式创新方面非常大胆、非常超前，赚快钱的欲望很大。但是中国企业在核心技术方面仍然落后，很多企业缺乏核心竞争力。真正成为企业家的创业者很少。

我们心目中真正的企业家是怎么样的？他们身上会流露出哪些特质？

真正的企业家有情怀，所以会坚守自己的初心。真正的企业家对企业有强烈的使命感，所以会不断创新，保持进取的能力，推动企业可持续发展。

企业存在的理由是什么？无他，唯有创造客户价值。"创造客户价值"这句话，做企业的人往往会把它当成一句挂在嘴上的口号，难以内化于心、外化于行，做到知行合一。当创造更优客户价值与自身的利润最大化发生冲突的时候，我们坚守什么？如果我们心里想的、实际做的都是创造客户的价值，那就不会发生食品安全问题，也就不会有大数据杀熟这样的销售模式。

海康威视这些年成长较快，有时候我会受邀分享海康威视的成长经验。其实总结而言，海康威视之所以能够成为行业龙头企业，无非就是成就客户、创造客户价值，在这方面做得比别人稍好一些。

海康威视的创始团队以及后来的骨干都能坚守做企业的初心，并在初心的基础上形成了共同的文化。公司成立之初我们就提出"专业、厚实、诚信"六字经营理念。

专业，就是以视频技术为核心专注于自己的主业。这些年海康威视除了安防业务之外，还延伸拓展到了汽车电子、机器人的业务，所有这些业务都以视频技术为根，在这上面开枝散叶。我们坚持用专业的能力为客户创造更多的价值，服务更多的客户。

厚实，就是厚积薄发，实事求是、脚踏实地地钻研技术和市场。我们每年的研发投入占比一直在8%左右，最近已经到了10%左右。我们很多产品的推出都是多年技术铺垫的结果。我们的摄像头是2007年推出的，但是对于摄像机技术的布局可以追溯到2001年。2006年我们又推出了人工智能产品。耐得住寂寞，把底子做扎实，才能拿出真正经典的产品，服务好客户。

诚信是天条，对员工、对股东、对投资者，尤其是对客户，实事求是、不说假话。忽悠、画饼不能帮客户解决问题，反而可能给客户造成伤害。

2007年，安防市场受到一些冲击，于是有人强调数据全部上云。我们认为这是一种错误的声音，会使产业、客户走向一个极端，并且是往错误的方向去走。上云的成本非常大，很多信息并没有必要上云，一朵云革命式的做法并不能满足客户的实际需求。所以我们高调提出了 AI Cloud 云边计算、云边融合的理念和技术架构，倡导改良。我们认为"烟囱"可以继续存在，但相互之间需要先形成数据的交换，让大家都能在现有的技术水平下往前走，然后不断地探索，通过技术进步来改良客户现在的整体业务形态。也许到未来的某一天，这些"烟囱"的功能会逐步被数据平台所替代，但到那个时候，我们再来说部门与部门的完全融合。让我们感到欣慰的是，最终行业内的其他厂商也都慢慢地向我们的理念靠拢，提出为客户打造轻量云、小脑等。

管理大师彼得·德鲁克认为，企业的目的只有一点，那就是创造客户，为了实现这个目的，企业有且仅有两个基本的职能，一个是营销，一个是创新。企业家肩负着做强、做大企业的强烈使命，创新是必由之路。创新有许多类型，技术创新应当成为企业发展最重要的路径，要通过技术创新提供高质量的产品和服务。技术创新不会一蹴而就，更不能一劳永逸，需要持续地创新。

海康威视创立以来坚持走以创新尤其是以技术创新为主线的发展路径。这些年安防行业经历了数字化、网络化、智能化三个典型的信息化发展过程，在这三个过程中海康威视及时掌握了各个阶段的核心技术，在每个阶段都打造了经典产品。比如在数字化阶段的2003年，我们领先全球将H.264算法引入视频监控行业，推出了基于H.264算法的嵌入式硬盘录像机。在2009年我们公司全面突破ISP（Image Signal Process，图像处理）技术，发布了国内第一款网络化的高清摄像机，从而开启了网络高清监控的序幕。就在2019年7月，我们还将雷达和视频技术各自的检测优势深度融合，推出了雷达和视频技术的一体机，将在道路、急弯预警、人行过街预警、大车右转视线盲区等方面发挥重要作用，为客户和社会带来重要价值。

在创新的过程中，我们特别注意规避为了创新而创新，所有的创新还是要回到初心的追求上去，以客户为中心，为客户创造价值。

大家都觉得2018年很难，中美贸易摩擦、经济增长回落、股市下跌，一系列重大的变化挑战着我们的认知。2019年还是许多国家的大选年，旧的目标已经消失，新的秩序尚未建立。新的地缘政治风险若相互传染，会不会引发一场全球政治经济局势震荡？面对不确定性，企业家何去何从？

从企业来讲，客户是企业的衣食父母，各种变化的外因并不能颠覆企业之道，为客户创造价值应当始终成为我们的初心；不要用狭隘的民族、道德标准去看待企业的行为，不能把商业泛民族主义化；政府要为企业营造良好的市场和舆论环境，给企业家的坚守提供更多的支持和信心。

每一代人都有每一代人的机会和挑战。尽管外部环境带来重重挑战，但我们还是清醒地看到，机遇的大门也同时向我们敞开。随着新一轮信息技术革命的爆发，数字经济成为引领未来发展的新动能，各个领域都有机会发展数字蝶变，搭上创新加速的班车。

从目前来看，海康威视也有幸抓住了这个机会，有望带动自己以及更多的企业、合作伙伴进一步提升，实现高质量的发展。

数字经济包含两个维度，数字产业化和产业数字化。作为数字产业化的标杆企业，这两年海康威视正在将安防和视觉领域积累的技术服务和经验开放给其他企业，为更多的企业插上数字化的翅膀。

海康威视凭借自身的人工智能领域的技术积淀，以全系列机器视觉和移动机器人产品的方案步入智能制造行业，服务制造升级。海康威视自身的制造基地就是一个智能化的园区，早在2016年，我们就在杭州桐庐的制造基地投入了近800台仓储机器人，并与机器视觉产品结合应用。浙江传化集团的云仓项目就采用了海康威视的仓储机器人和智能仓储管理系统，相比人工仓储作业而言，效率提升了5倍以上。除了智能制造，视频+AI技术还可以帮助企业构建视觉感知，服务于生产管理。

以制药领域为例，药厂的使命是生产高质量的、老百姓可以信赖的药品。2018年杭州一家药企开始和海康威视合作，通过我们的AI开放平台进行算法训练，对在线员工不规范的操作行为进行了智能设定，从而实现了生产流程的可视化，偏差数据的可巡查化，产线内监管智能化，用AI守护医药产品的质量。

技术进步是一种一旦打开就无法合拢的趋势，对锐意进取的企业家来讲，如何抓住这波技术浪潮，把企业做强、做大是当下最主要的命题。

本次夏季高峰会的主题是"协同·融合·共赢"。我刚才讲的企业家的坚守和创新是从单个企业的角度探讨的，而在当前国际政治经济背景下，中国企业家需要在更高的站位上、更宽的视野中去思考和行动。

关于协同，应该是海内外企业的协同。全球化已经让各个经济体之间的依存日益加深，你中有我、我中有你，合作带来繁荣，分工带来效率。产业分工合作是市场经济的必然选择，全球经济一体化是人类共同的福祉。我们依然要坚定地推进和海外企业的协同合作，更要重视与国内企业的协同开放。除了业务上的合作，更要关注品牌形象上的协同。海康威视从2007年开始在海外推广自主品牌，当时的挑战巨大，除了文化差异还要面对国外客户对中国品牌的歧视。有些客户认为中国的产品就是"地摊货""廉价货""山寨货"。近年来这些形象已经有所改变，但是还需要走出去的中国企业持续地共同地努力。

关于融合，除了全球产业的横向融合，也要做好传统行业和新兴行业的新旧融合。互联网行业不可能对所有的传统行业发起降维打击，相反需要对传统行业保持足够的谦卑和敬畏。而传统的行业也需要一些新兴行业的打法，通过新技术的赋能在意想不到的地方发起绝地反击。

所谓共赢，大到全球各经济体，小到各企业，相互之间的关系，本质上不是零和博弈，而是共同发展，互利共赢。建设和运营合作开放的生态，共同为客户创造更多的价值，发挥自己的优势和潜能，为中国乃至全球经济做出贡献，是时代赋予企业的重要使命。

当下的天津是改革开放的热土，创新发展的高地，也是践行协同、融合、共赢的腹地，我们非常看好在天津的发展。判断一个企业家是否成功，往往以商业成功的标准来衡量，但是更高境界上的成功应该是超越商业的成功，这需要我们更多地修行和努力。路漫漫其修远兮，不管前途如何变幻和险阻，坚守初心、持续奋斗、不断修炼始终是我们的不二选择。

25年商业感悟：向上而生 向善而行

文 王梓木　中国企业家联合会副会长
　　　　　华泰保险集团创始人、董事长兼CEO

　　1996年，在我女儿10岁的时候，我下海创办了华泰财产保险公司。当时华泰募集了13.33亿元资本金，那时国有企业的年利润总额也只有800亿元左右。

　　20多年过去了，华泰从一家财产保险公司内生式发展成为一家拥有财险、寿险、资产管理和公募基金的金融保险集团，2019年总资产达523亿元，净资产约154亿元，管理资产近3600亿元，去通道后目前为2499亿元。华泰成为中国保险企业中唯一一家自成立至今每年盈利和分红的保险公司，原始股东通过分红早就收回了投资，2018年一级市场转让华泰股权的价格相当于原始股价的20倍。20多年后华泰国有企业股东的资产不但没有丢失，而且获得了极大的保值和增值，这时我可以给领导一个满意的答复了。

　　我创办华泰保险，并担任董事长和CEO至今已近25年，这25年伴随中国改革开放40多年的大潮，我们是其中的一支河流或一朵浪花。在企业发展的历程中，什么是我的商业心灵？我想或许是企业家成长的心路历程。

　　我为什么要下海？弃政从商的初心是什么？我能找到的最充分理由是"寻求自由"。企业是企业家的自由王国，企业越大，企业家的自由王国就越大。这也是许多企业家喜欢将企业做大、做强的心理动机。

　　我下海5年后就与亚布力相遇。2001年我来亚布力游览时，见到风车山庄门口挂了一条红色的横幅，上面写着"亚布力中国企业家论坛"

的字样，进去转了一圈没看到什么人就离开了。2002年我受邀参加了亚布力论坛，结缘近20年，担任过第一任轮值主席，除了一两次没到会之外，其余都参加了。亚布力被公认为中国企业家思想交流的平台，亚布力的精神是"思想改变世界"，这里不仅有漫天自由飘洒的雪花，更有闪烁智慧光芒的思想火花。可以说亚布力滋养和哺育了我的商业心灵，每年的年会和企业家们的相互交流，都能让我感受到一次心灵的灌溉和洗礼。

努力将企业办好，是所有企业家的追求。至于如何将企业办好，各自有不同的感受。我一直在理论上思考和实践中践行，如王阳明所说的"知行合一"和"致良知"。我近25年的商业感悟许多都曾在亚布力论坛上分享，主要包括以下内容。

1."逐利"是企业家的初心，不能赚钱的企业不是一个好企业

做企业必须追求盈利，盲目地追求规模不是市场经济的正确选择，是对股东的不负责任，也是对社会资源的浪费。在21世纪初的几年里，华泰保险在行业一片"做大、做强"的呼声中，提出做好、做久，成为我国财产保险公司中最早实现质量效益型的发展典型。华泰财险在国家"十一五"期间用1%的保费市场份额获取了31%的利润份额。《中国保险报》连续五期头版刊载以"华泰现象"为标题的调研文章。

2. 企业家的使命是推动社会进步

我在亚布力论坛早期的发言中说过，"92派"与以前企业家的不同之处在于有强烈的使命感。这个使命感充满了家国情怀，集中表现为对社会做出贡献的强烈意愿。企业家不仅要通过创利来增加社会财富，还要通过创新来推动社会进步，后者表现为：一是提供创新的产品和服务，满足人们现实和潜在的需求，以至改变人们的生活方式；二是构建良好的企业机制，实施好现代企业制度；三是倡导先进的企业理念与文化。

3. 适度冒险是企业家精神的一部分

单板滑雪追求的是自由与奔放，双板滑雪追求的是速度与激情，我是滑双板的。2003年之后，我曾连续5年获得亚布力论坛滑雪比赛冠军、两次亚军和若干第三名，受过三次腰伤和两次腿伤，两次上了手术台，发表过多次获奖和未获奖感言，包括"控制力等于速度""弯道加速"和"第一真的很重要吗"等。我一向认为，企业家需要保持活力和一定的冒险精神，在不确定性中寻找确定性。参加滑雪等运动有助于培养这一精神，我欣喜地看到，亚布力论坛的一批优秀企业家热爱滑雪。

4. 企业家需要保持平和与长远的务实心态

2008年金融危机来临时，我提出华泰不求大富大贵，但求从容面对。企业要根据市场环境和自身的能力大小，选择自己的战略定位。恐龙虽大，但早就灭绝了，物竞天择，适者生存。在一个相对艰难的市场周期中，首先要考虑怎样活下来。盲目地追求大富大贵，结果会是大起大落，大喜大悲。华泰作为一家综合性的保险公司，承载着广大客户财产和生命的长期托付，必须追求百年老店的梦想，走长远、可持续发展的道路。我在2000年世纪之交华泰的封存箱里留下一封写给50年后华泰董事长的信，开头第一句话为："当你打开这封信的时候，我已感到莫大的欣慰，因为华泰毕竟存活了50年。"

5. 走混合所有制的道路，建立良好的公司治理

华泰成立伊始有63家股东，带中国字头的国有企业20多家，只有少量民企股东。2001年华泰引入外资股东，如今外资和民企股份已经超过70%。华泰长期股权相对分散与均衡，所有权与经营权相对分离，实施董事会的领导体制，正是由于这样的公司治理，实现了公司的长治久安，决定了华泰长期坚持质量效益型的发展理念。我在2014年2月第十四届亚布力论坛年会的发言中提到，混合所有制的好处之一是有利于培养货真价实的企业家，并将企业家定义为：创造企业社会价值，能以独立人格承担企业的责任与风险，并且分享企业收益的企业领导者。企业家与职业经理人的不同之处是：企业家做正确的事，职业经理人正确地做事。良好的公司治理可以保证优秀的企业家到位任职和更迭。

6. 倡导公司合作文化

公司治理决定公司活多久，公司文化决定公司长多大。华泰成立之后，倡导制度文化、责任文化和绩效文化。我在职期间去华东科技大学读了管理学的博士，运用博弈论的方法写了一篇博士论文：公司合作文化。论文认为，公司中人与人之间最本质的关系不是雇佣关系和领导关系，而是合作关系，合作关系体现人性的平等与尊重。合作关系不仅存在于公司内部管理，还存在于公司与客户之间，与股东之间，甚至与竞争对手之间。我在2013年的哈佛中国论坛上，专门做了"公司合作文化"的演讲，在北大、清华、南京大学和吉林大学也做过类似的演讲。

7. 追求社会价值是新时代企业家精神的特征

2017年9月，我在第三届全球社会企业家生态论坛上发表主旨演讲时提出：按照新时期的商业文明，企业家的最高境界是追求企业社会价值的最大

化，而不是短期利润的最大化。当年我受聘为该论坛的联席主席和本届轮值主席。2018年2月，我在第十八届亚布力年会上起草并发起了《社会企业家倡议书》，提出社会企业家应拥有共同的价值理念，共同借助商业的力量去实现企业的社会价值。追求社会价值应当成为新时代企业家精神的核心，这不仅是企业家精神文明的进步，也是现代科技进步和生产力发展到今天的必然选择。在企业追求社会价值的过程中，商业价值会不期而遇。我不仅信奉这一价值理念，而且在多个论坛、多种场合倡导和推行这一理念，我的贡献在于将社会企业家从情怀上升到理性的认知。在我看来，追求利润源自企业家内心的贪婪（逐利是企业家的本能和初心），因生产带来的环境资源的破坏导致发展受阻又引发企业家内心的恐惧，基于同情心的慈善行为和基于同理心的共同发展理念，构成社会企业家的精神归宿。这就是中国社会企业家的心智模式。2019年，我又成为"社会企业投资同盟"的第一届主席团成员，致力于企业影响力投资的事业，希望亚布力论坛和各界企业家们给予支持。

企业家的初心是为了赚钱，使命是推动社会进步，这是我们老一代企业家的心路历程。新一代的企业家，创业之初就将社会价值放在首位，例如互联网企业倡导的用户价值就是社会价值，客户价值就是商业价值。绿水青山就是社会价值，金山银山就是商业价值。我去人民大学和黑龙江企业家论坛的演讲题目就是"让使命融入初心"。

8. 向上而生 向善而行

当前国际经济形势错综复杂，中美关系扑朔迷离，宏观经济的不确定性中已经显露出一些确定性，中国GDP还在下行之中。我们处在世界大变局中的一个节点上，我们面临的是一系列的结构性改变，包括社会结构、经济结构、人口老龄化、中等收入陷阱和消费升级迭代等。企业对应的则须是结构性的改变和创造，而这一切背后的动力就是新科技的运用。

我在刚刚开完的华泰保险集团中期会议上的讲话题目是"向上而生　向善而行"，借此与大家分享。"向上而生"就是借助科技手段，扩大产品和服务的价值链、建立生态圈、开拓新领域、走向合作共赢。"向

善而行"就是进一步拓展企业的社会价值目标，承担更多的社会责任，增加对社会环境的保护和对人性的关爱。

谷歌最早提出"企业不作恶"，腾讯的马化腾提出"科技向善"，我和保险界的同事也提出"保险向善"。向善就是要求企业做好事而不做坏事，不为眼前的利益做危害社会、损害公众利益、坑害消费者的事。不为短期利益所惑，而为长远价值所谋。作为保险企业，要增加防灾、防损的投入，由事后的风险补偿向事先的风险管理和事中的介入延伸服务。寿险的营销员要由保单推销员成长为客户的健康管理者和生命的守护者，增加对人的关爱。

"向上而生　向善而行"是企业自觉追求社会价值的集中体现，是满足客户需求的深层次归因，是企业创新服务能力的大幅度提升与改观。简言之，就是运用好新科技手段引导企业走上健康与可持续发展的道路。

单打独斗和野蛮生长的时代过去了。"向上而生　向善而行"体现了新商业文明时代的利他性与共生性。"向上而生"就是要推动企业与社会的共生共长，"向善而行"就是要创造人类生活的共享与共荣。以此与大家共勉！

我在做一件能改变世界的事

文 张　跃　远大集团董事长兼总裁

我原来是一名美术教师，每天教画画很悠闲。但那时我经常跟女朋友到外面吃饭，有些缺钱，所以我就辞职了，想做点别的，多赚些钱。我做生意只用了两个月的时间就挣了1万多元，所以当时我就觉得做生意很容易挣钱。但是人总是这样，当你的状态、所处的环境发生变化的时候，你的思想也会变。赚了钱以后，我的思想发生了变化。我感觉到地球已经不安全了。如果说等我老的时候，因为地球气候的原因，我的生命安全或我的后代的生命健康受到威胁，那肯定不行。

所以对于环境问题，我思考了很多。再加上我做的产品又需要使用能源，所以我倾向于关注能源与气候变化、能源与空气污染。我一直在关注我们的产品与环境的关系。

说实话，我是属于富得比较早的一批人，但是从觉悟的角度来说，我应该更早意识到环境安全问题。虽然在1997年1月，我就下单买了两架私人飞机，但大概从2012年开始，我就不用自己的飞机了。因为我意识到了我们生存环境的不安全，为了环境，我们应该有所节制和约束。

光有所约束也不行，所以这些年我一直在做工厂化建筑。这是一个非常具有颠覆性的东西。用不锈钢来做一种建筑用的、交通工具用的材料，并将它用于建房子、造桥。因为桥和房子可以世世代代使用下去，这就更能凸显这个材料的巨大价值，而且它还不会产出建筑垃圾。目前在交通工具方面，我们还没有做出产品来，但桥和房子已经有成品了。这种材料还可以用来造船，因为它材质很轻，能够造很浅的船底，浅船底是可以走到

内河里的。

　　此外，这种材料还可以用于风力发电。相较于传统的35吨左右一个的玻璃钢叶片，我们的新型材料只有约14吨，也就是说只需要一点点的风，就可以让它旋转起来。

　　人在一定阶段，应该要使自己超脱生物的需要、生物的本能。我做到了这一点，虽然生物本能还在，但是我也有着很多超出生物本能的东西，也就是我们所说的梦想。人生很短，但是如果能在你短暂的人生里创造一些让这个世界有所改变的东西，尤其是解决世界的某一些难题，那你的人生就会变得有价值。

　　回想起来，这种理想或者梦想也不是在赚了钱以后才有的。成年以前，我都是在画画。画画的时候，其实就是生活在梦里。那时画画也没有商业价值，因为没人买、也没有人捧场，但当完成了一幅画后，人会兴奋得不得了。虽然画一幅画只需要4个小时，但可以兴奋好几天。所以其实我是一个天生就喜欢幻想，高于生物本能的、有追求的人。

　　说起来显得很高大，虽然生物的本能我始终没有丢掉，但目前，我确实在做一件能够改变世界的事情，一直在追求一种精神上的东西。

创业故事

　　我用了4年时间，动员1100个人来做一个产品。虽然4年来没有赚过一分钱，但我从来没有觉得有什么不好。我们公司所有的员工都觉得总裁疯了，但我就是坚持做这个。公司其他的产品我完全不管，全力以赴只管这一件事。4年中，超100万元损失的失败有100多次，甚至有过1秒钟损失达1000万元，4年里有三年半几乎都处于失败之中。但我并没有什么不良好的感觉。有梦想的话，人就会愉快，人就能够给世界带来美好的东西。

　　其实，我的梦想很简单，就是想改变地球上所有的东西。不论是世代相传的建筑，还是能源效率、交通工具，这些都需要改变。我们每天都能看见大家谈论人工智能、互联网、5G，但我们的基本生活状态改变了吗？我们仍然住着用混凝土盖的房子。我觉得这必须要改变，所以我下的决心很大，我所能看见的远景非常美妙。我跟别人说，别人都不相信，但我在实现梦想的过程中，内心的确没有感到一丝一毫的累。

一条通向罗马的大路

文 刘东华　正和岛创始人兼首席架构师

说到"初心与梦想",还有一个小故事,虽然平淡无奇,但是也吓了我一跳。在我40多岁的时候,突然有一天想起自己12岁的时候,那个读小学五年级的小男孩——有一天走在上学的路上,一边走一边懵懵懂懂地心里突然生出一个想法,那可能是我心灵的第一次觉醒。我想,我好像什么东西都可以跟别人换,所有宝贵的东西都可以跟别人换,但是我对这个世界的感受——不知道当时我有没有这个"心"的概念,实际上就是这颗心跟谁都不换。

后来40多岁的时候,我突然回想起那个小男孩的懵懂的心理活动,我就在想,这个小男孩的心有什么了不起?为什么跟谁都不换?跟谁都不换的心到底是怎样的?其实近年来我的感受越来越深。所以,要说初心,这是我最早对这颗心的感受。

大学毕业后,我就回到老家当记者,我是怎么跟自己较劲的呢?每写一篇稿子,我这颗心都会跟自己较劲,有点自虐。自虐到什么程度?我认为写完这篇稿子就可以死了,这是我留给这个世界的最后一点文字。所以一定要对得起读者,从标题到第一句话,到每一段,到最后画句号。如果当中的某个点让读者流失了,那就说明我失败了。如果读者看完觉得没什么价值,我就浪费了他的生命,那也是失败了。

我当记者的时候就这么跟自己较劲,后来这也成了后遗症——一写东西就觉得笔重千钧,有一种特别的使命感。

后来我到了《经济日报》评论部。邓小平南方视察以后,《经济日

创业故事

叫"反求诸己"

正和岛……人兼首席架构师

报》开首都大报之先河，创办民营经济专版，我成了民营经济专版的创办人。1992年下半年开始尝试，1993年正式创办，也正是从那个时候开始，我和中国的民营企业家、民营经济开始产生深度的关系。

也正因为有了这个基础，我在1996年接手了《中国企业家》杂志。在体制内这是一个正局级单位，最初我是一个白丁，什么级别都没有，很快从副处、正处、副局成了总编辑，最后是社长兼总编辑。

这个时候，我这颗心又是怎么较劲的呢？我说为企业家、为企业服务，如果你服务得稍微有价值，然后越来越有价值，乃至有了某种不可替代的价值的话，就会有人愿意来跟你做交易。他会说："东华，一篇稿子多少钱？多少钱可以上一个封面？我要进你的排行榜，给你点什么支持才可以？"我们就有了一句话："绝不拿标准、原则、价值观和判断力做交易。"

我也曾经写过一篇小文章，在一次中国企业领袖年会的开幕致辞上，我说"还判断力以应有的尊严"。什么意思呢？比如说为什么自古就一个伯乐呢？大家想一想，能相马、能分出驽马和千里马的人难道只有一个伯乐吗？肯定不是。更多的有点判断力的人都拿着自己的判断力去做交易了，因为大家相信你的判断力，就会有人利用你的判断力去做交易，让你告诉大家他那匹破马是千里马，卖了钱跟你分，跟你一人一半。

很多人就经不住诱惑，拿着自己的判断力、价值观、标准和原则去做了交易。就是"绝对不拿标准、原则、价值观和判断力去做交易"这一句话让我们坚守了那么多年。

为什么不能拿神圣的东西做交易？这里面其实包含着对企业家这个群体感同身受的理解。早在20多年前，很多老朋友都知道，我们率先提出"国力的较量在于企业，企业的较量在于企业家；只有造就强大的企业才能造就强大的中国"。

也差不多在20年前，我提出，所有真正的企业家都是自愿为社会驱使的驴子、给社会拉磨的驴子，一般的小磨让别人去拉，一般人拉不起的大磨他们自愿来拉，这是比较难听的"驴子论"。

还有一个"妈妈论"。我说所有真正的企业家都是带着一群孩子赶路的妈妈，而且越是了不起的企业家，带的孩子就越多，遇到流氓和狼的时候，她首先要考虑孩子的安危。而这批妈妈的悲催之处是经常遇到流氓和狼，并且遇到流氓和狼的时候，路人还经常为流氓和狼喝彩。所以，我称这是一群悲催的妈妈。

我还有一个比喻，我说真正的企业家都相当于战争年代无数次从死人堆里爬出来的将军、元帅。

当然，随着时代的进步，我们对企业家也有了更深的理解。比如说我曾经提出"先问是非，再问成败""让一部分人先高贵起来"。改革开放早期，国家提出让一部分人先富起来，只是没想到富起来那么快。而我认为在越来越多的人富起来的前提下，应该让一部分人先高贵起来。在先富起来的这些佼佼者当中，应该有一批人先高贵起来。大家知道有一句话叫"三年可以造就一个富翁，但是三代也难以造就一个贵族"。真正的高贵我用了四个词：纯粹、真诚、强大、负责。用自己的纯粹和真诚创造价值，然后用自己的强大担当责任，这才叫真正的高贵。

在我离开《中国企业家》杂志创办正和岛的时候，回过头来总结自己的人生，我用了一个词，叫暗合道妙。那时我还抛出了一个自己的因果论，当时我觉得这个因果论基本上把人生说透了。

人生的前半场先是有因无果，很努力、很付出，刚走上社会看不到结果。然后是大因小果，巨大的努力小小的结果。再后来是多因一果，多方面的努力成就一个结果，然后初成正果。我离开《中国企业家》杂志的时候，基本上就走完了这个过程，有因无果、大因小果、多因一果、初成正果。

我认为我人生的下半场，是从创办正和岛开始的，倒果为因。把前面初成正果的"果"变成后半场的"因"，将会呈现什么状态呢？那就是把人生的上半场倒过来了，变成了小因大果，很小的努力就有很大的成果，就像正和岛融资。我说要做这个事，于是一帮朋友不但给你站台、给你吆喝，还给你出资，说东华你需要多少钱，你需要怎么估值，你怎么说就怎么做。

天底下哪有这么容易的事？还不是因为你把原来的那个"果"倒成新的"因"后，突然发现"小因大果"。然后是"一因多果"，你做的是一件事，但你会发现有很多好事都跟你有关系，这就是一因多果。再就是无因有果，似乎你没种什么"因"，但却得到了"果"。后来发现实际上是在人生的上半场，你种下了好多"因"，那些容易长出来的都已经收获了果子，比较难长出来的、慢慢长出来的，可能在这儿冒出来了，呈现为无因有果。最后一个是"终成正果"。

我用自己的因果论，基本上把人生前半场、后半场都划分完了，所以我觉得后面的小因大果、一因多果、无因有果、终成正果，也是一个必然。

其实人生在这个时候开始进入一个徘徊期，为什么呢？实际上是在不知不觉"暗失道妙"。前半场我种了那么多因，后面不光是等着收获就行了。如果你觉得自己前面付出太多了，太透支了，后面我搭平台，让大家去做就行了，这是行不通的。当你拿最难的事去要求外面的"英雄"时，当你把最苦的事交给内部的团队时，当你想让自己站在旁边成为例外的时候，其实你就已经开始"暗失道妙"了。

最近这两年我经常反思。很多人给了正和岛很高的评价，因为正和岛这个模式在国内外没有先例，做得也不错。但我自己认为，正和岛不算及格，按照应有的那个标准，按照企业家和朋友们对我和正和岛的期待，它其实不算及格。

为什么不及格呢？就是因为我自己"暗失道妙"，也影响了团队。你前面做得不错是因为"暗合道妙"，后面开始有点不顺了，是因为"暗失道妙"。之后我就开始反思，这两年我其实开始把那个更干净、更强大的自己找回来了。

昨天晚上半夜醒来，我的脑子里突然冒出来一句话，叫"通向罗马的其实只有一条大路，叫反求诸己"。大家都知道有一句话叫"条条大路通罗马"，条条大路都能到达罗马，罗马就是每个人心中的圣殿，或者是自己发的那个大愿。

但实际上，真正的罗马离自己有多远呢？每个人到达真正的罗马的那条道路，都有九九八十一难，怎么逾越这九九八十一难？

孟子给了我们一句话，叫"行有不得者，皆反求诸己"，不管因为什么遇到挫折、遇到困难过不去，达不到自己应有的那个愿望的，"皆反求诸己"，即全在自己身上找原因，在自己身上下功夫。反求诸己，不是向外求，而是向内求。后八个字是什么呢？是"其身正而天下归之"。

企业传承"四要"

文 刘永好　亚布力论坛轮值主席、新希望集团董事长

新中国成立已经70多年了，改革开放也已经有40多年了，国家经济取得了巨大的进步，人民生活水平得到了极大提升。但现在经济发展进入转型期，很多企业，特别是中小民营企业、传统企业都明显感到了巨大压力。压力来自哪几方面呢？

第一，传统企业产能过剩。产能过剩，产品价格上不去，导致企业利润降低，甚至亏损。

第二，综合成本上升。现在不管人工、原料还是环境保护等，各项要素成本都有所上涨，也导致企业利润有所下降。

第三，企业员工团队活力有所降低。特别是经过20~30年的发展已经有一定规模的企业，现在已经到了传承的时候，怎样把企业传承下去、交下去，使企业可持续发展？这是一个痛点。

当然还有很多问题，但我认为以上是最重要的三个问题。

怎样解决？只能是转型、升级。面对那么多困难和问题，2018—2019年党和政府给予了民营企业极大的支持、帮助和鼓励，使民营企业信心逐渐恢复。

具体来说，一方面是党和政府保护、支持和鼓励民营企业的发展。习近平总书记提出"亲清"的新型政商关系。另外，国家在降税、减费方面出台了一系列措施，帮助企业。我简单算了一算，我们的企业因为降税和减费这两项，可能会减少约3.2亿元的开支。我想很多企业都会有这样的感觉。

另一方面是企业要增强活力、竞争力,要转型,更多地要靠自己。

以新希望集团为例,过去这3年,我们推出了"五新转型"。

(1)新机制。广泛运用合伙人机制。

(2)新青年。我们大量使用年轻人,现在我们集团的管理层平均年龄都是30岁左右。

(3)新科技。我们在生物科技、食品科技、数字科技方面下了大功夫,做了很多的研究,投入了不少资金,收获也是很大的。我们荣获了很多奖项,更重要的是我们更有活力了,而这些新科技带动的进步是显著的。

(4)新赛道。尽管很多产品过剩,但在某些领域还远远没有过剩,比如冷链物流、宠物经济、医疗健康等,我们可以在这些领域进行探索、投资和发展。

(5)新责任。企业要有新责任,新责任包括把我们的肉、蛋、奶产品做好,让老百姓放心;要跟环境相融,保护青山绿水;另外,还要主动参与精准扶贫等。

"五新"的实施带来了明显进步,总结而言,就是"12345"——2018年、2019年、2020年,每年新增10%的员工,约每年1万名;2018年集团收入增长了20%多,2019年增长20%以上;集团利润2017年、2018

年、2019年差不多增长30%；2018年、2019年主要上市公司市值增长远大于40%；培养500个合伙人。

我们要清醒地认识到必须要转型，从现在开始转型一点都不晚，什么时候都可以。我们是最传统的、用人工最多的企业，是以农业和食品为主的企业，困难、压力是最大的，但我们现在内外充满了活力。

另外，我要谈谈企业传承。

每一家企业、每一个格局都不同，不会完全一致，但是我简单地总结有四点。

1. 传承要早

不是说等孩子20多岁大学毕业后再传承。这时他们的价值观等都形成了，再传承是不可能的。我有好几个朋友，说他的女儿、儿子很能干、学习很好，名校毕业，就是不想接班。这种情况很普遍。

所以说传承要早，怎么早？

比如，我在女儿、儿子五六岁、六七岁的时候，就主动让他们做一些最简单的事。家里很多事都让他们做。我们出去旅游让他们拿行李、当团长、联系买车票……从小就什么事都让他们去做。

从小就让他们到企业里去多看、多听。一开始他们说又臭又脏、说他们搞不懂，慢慢地他们就接受了。

2. 传承要放

到一定时候，一定要放。

7年前，我把新希望农业食品公司的董事长让给女儿做。有人说，你身体挺好，公司管得也挺好，为什么要交给她呢？她有什么经验？管理层平均年龄比她大一倍，公司交给她，她能担当吗？你是不是还要幕后指挥呢？

其实根本用不着。我就是要放，交给她就交给她。其实交给她这几年，我省了好多事。

我想了一个办法——找了一个导师来带一带、帮一帮。她和著名的专家陈春花配合、搭档三年，效果非常好。这几年陈春花合同期满回学校了，她自己就独当一面了。我交给她的时候，公司市值200多亿元，现在已经800多亿元。

放，就是你不要在她当董事长的时候还什么都是你说了算，要让她自己决定。在她的任上，干部调整了很多，业务调整了很多，投资也有了很大变化。

3. 传承要带

放不是完全放，不是什么都不管，关键时候，在大是大非问题上，你在后面催几句、说两句，一说她就懂，这叫带。要从小带，在适当的时候带。

但是现在她带我比我带她的时候多了。她对新经济、互联网、年轻人、大数据了解比较多，经常跟我讲这些事。以前是我带她，现在是她带我，互相带，要传帮带。

4. 传承要成体系

说到传承，有人说我任命我女儿做董事长就行了。不是这样的，你的儿子去公司以后，管理层比她年龄大一倍，人家都不听她的，怎么办？

所以传承要有体系。我们提出了"百千万人才战略"，现在管理层平均年龄只有30来岁，跟她年龄差不多。这就成体系了。传承的不是一个人，是一个群体。在这个体系下，大家跟她一起进步。

她提拔的干部她心里有数，她有自信。哪怕我知道她错了，会掉坑，但我觉得这个坑不是很大、摔不坏腿，就允许她去做。她掉过一次、两次、三次、五次，有经验了就不可能再掉了，这叫允许失败。

以上是我分享的关于企业传承问题的一些经验。

行业大势

过去40多年，我们的确得益于国际开放，正是由于国际开放，中国经济才能更加强盛，才有更多高科技领域的发展。但是到了今天这个新的时期，我们不得不重新思考未来的发展问题。我们认为，创新突围才是行业的发展之路。

把电影一部一部拍下去

文 王中军　华谊兄弟传媒股份有限公司创始人、董事长

1994年，我从美国留学回来创业的时候，初心极为简单。

我在美国吃了几年苦，天天打工、上学，那时候一天挣100块钱的小费是我最开心的时候。后来回国的时候，我跟同学们说，我回国可以组织一家公司，目标是一年可以赚到100万美元。

当时说100万美元的时候，其实是瞎编的，给自己留个面子。因为我是学艺术的，当时读个硕士，在美国所能找到的最好的工作年薪大概就是四五万美元。

初心是一阶段、一阶段的，变化非常大。

我从小就一直画画，对艺术的感觉特别强烈，所以我原来的初心是做个画家，而且我在艺术感受方面较早就建立了自信心。我观察力较强、手比较快，画速写的时候同学一般画不过我。我们出去写生，比如在故宫画一个大殿，我半个多小时或一个小时就画完了，再去看同学的作品，发现很多人连稿子都没画好。当时，我在这方面很有信心，但和做企业没有直接关系。

做企业是一点一点学的。1994年我开始创业，完全和艺术相关。一开始做的是广告，为什么做广告？因为我对造型、对艺术、对画面的感知比较强。广告其实是画面感非常强的一个行业，你要引导你的客户去喜欢你的东西，你的东西是什么呢？还是你的眼光。

自然而然地，有一年拍了电影，一眨眼到现在已经拍了快200部电影了，我觉得这是我人生中最重要的东西。从1998年到现在，20多年拍了约

200部电影,其实是挺艰难的,但是我没有感觉,拍电影的时候快乐的东西最多。而等到跟人分享的时候,我才感觉到艰难。

我印象中,像冯小刚的《没完没了》《不见不散》之后的所有电影都是我一个人拍的,当时一部电影有3000万元的票房就是票房冠军,我们今天的票房冠军是多少?2019年上映的《哪吒》票房突破50亿元人民币。你说这么多年来中国电影的变化有多大!

还有,我觉得人所受的教育会影响初心。我自己从小所受的教育都是英雄主义,就是想干点和别人不一样的事。我自己拍的电影,大多数都和我所受的教育有关。

我生在军队大院、长在军队大院,16岁当兵,军人的痕迹很重。这些年我拍了很多军旅题材的电影和电视剧,但是有几部好的呢?可能连5部都数不过去,大家记住的可能就是《集结号》《士兵突击》《我的团长我的团》《八佰》等。我还拍过跟我生活有关的电视剧,叫《大院子女》。这些题材都是和我的生活息息相关的。

电影行业非常难。最近媒体也好、投资行业也好,朋友见到我都说这个行业遇到了所谓的冬天。

行业大势

我说，哪个行业都会有冬天，但是你要想想中国电影的爆炸性——一部电影的票房可以冲到56亿~57亿元人民币，也就是将近8亿美元，美国也很少出现这样的电影。当然，跟美国最好的电影比，我们的电影还有很大差距。2019年美国有一部新电影票房冲到了历史第一，将近28亿美元，就是罗素兄弟的《复仇者联盟4》。

中国电影未来的空间非常大。虽然我拍了这么多电影，未来的主要职业生涯仍然还是拍电影、拍电视剧，因为这是我最大的爱好。

说到梦想，梦想是小时候的事，小时候躺在一个硬板床上闭着眼睛幻想自己得不到的东西，那叫梦想。现在做企业了，特别是企业到了一定成熟程度以后，我觉得还是要脚踏实地、有方向地做好公司。

大家都说开主题公园，但主题公园不是想开就能开的。美国以前有八大电影公司，这几年相互兼并，自2019年福克斯被迪士尼收购以后，只剩下五大电影公司了。在这么长的时间里，全美国只有两家公司开主题公园，一个是环球、一个是迪士尼。不是谁都可以开主题公园的。即使是迪士尼，用了几十年时间做迪士尼主题乐园，现在在全世界也没有做多少家。

其实一开始我也带着一种很热情、浪漫的想法，说华谊在中国可以开10个主题公园，中国的消费没有问题。但走过了几年，到今天为止我们开了3家，这3家仍然在磨合阶段，我们还在学习怎样管理。

但小镇盖起来很容易，怎样将内容融进去？怎么管理到位？中国土地成本这么高，做一个电影小镇、主题公园，怎样靠门票、吃、住，将现金流收回来？这是一个企业家该想的事。

此外，学习和教育是一个企业家最大的背景。我学艺术，所以我会关注艺术领域到底有没有形成商业模式的可能。美术馆就是我在这方面思考的成果。

艺术是一个城市重要的文化核心和亮点。我出国休假，假如去纽约，尽管已经去过无数次古根海姆和MOMA*（Museum of Modern Art，现

---

* 一所在纽约市的曼哈顿中城的博物馆，也是世界上最杰出的现代艺术收藏地之一。

代艺术博物馆），仍然要拿出时间去MOMA；假如去巴黎，再忙我都要抽出时间再去奥赛和橘园。你去荷兰，不可能不去梵高美术馆；你到了奥地利，不可能不去希勒美术馆。

相较而言，中国大城市还是缺乏十分具有亮点的艺术类核心区域，我觉得这是一个城市很重要的问题，而这个问题可能就是未来企业和社会的机会。这也是我未来一段时间想努力去做的——使中国的城市有标志性的美术馆。

两年多以前，我们在北京开了松美术馆。松美术馆的名字是建好了以后才取的。松体现了中国文人骨子里最崇尚的一种精神，从宋代到当代的绘画里，松都是最美好的事物。

松美术馆自开馆以来已经策划了四次展览。第一次是我个人的收藏展。还有世界级的布尔乔亚大展，那是20世纪世界级的、最伟大的女艺术家的展览。最近我们又在做西方抽象艺术展。

松美术馆的效果非常好，现在几乎成了年轻人到北京必去的地方。我觉得很有意思，所以开始把松美术馆的模式复制到其他城市去，现在已经在成都、沈阳推进。

相对而言，艺术的门槛更高，是国际化的东西，但我觉得还是应该要努力去做。不要小看中国人对艺术的追求，许多年轻人在周末会排长队去逛艺术展，这方面还是有机会和发展空间的。

收藏也是我的一个梦想。不过在公司资金紧张的情况下，现在我也可以卖我的画。最近我卖掉了一批艺术品，获取了一些现金来解决公司的资金流动性问题，也没有什么不好。

很多朋友会说："中军，你那么牛，在收藏界挺有名气的，怎么开始卖画了呢？"我觉得没什么可丢人的。

2018年，嘉德夜场里有一半是我的画，但卖掉了我很开心，其实这也是对我自己眼光的考验。今天我不是想谈回报，我想谈的是，为了公司的安全性，什么都可以卖掉，哪怕是我的收藏，这没有什么可丢人的。

在商业上，我不觉得我是个非常成功的人，比我成功的有的是。我处在电影圈，电影圈和其他行业比不是一个大行业。世界上最大的娱乐公司市值才2200多亿美元，但你看看电商大公司有多大规模！我在这个行业，也不可能再转行，只能努力把公司做好。

前几年人们都爱说百年老店，但是把一个企业做成百年老店并不是那么简单的。从创业到现在，华谊兄弟成立已25年多了，但我觉得我得先想35年的事，这个公司是不是能活过35年？前些年利润、营业额高速增长，而今天我想的是有没有现金流、能不能活着。

影视行业经历过高速发展之后，需要一个加强规范管理的过程，这是行业未来获得更长久健康发展的必经之路。作为企业家，在这个过程中要积极乐观，更要有责任心，不仅要对企业负责，也要对投资者负责，要竭尽全力和企业共进退。

这是我近两年对华谊兄弟命运的思考——让自己的公司扛过去，从而能够在未来拍出更好的电影，一部又一部拍下去。如果要说梦想，这就是我未来10年的梦想吧。

巨变中的医疗影像行业

文 薛 敏 联影医疗技术集团有限公司董事长兼首席执行官

联影医疗成立于2011年，9年来，我们一直坚持自主创新。今天，我主要想谈一谈医疗影像行业的发展。这是一个非常特殊的行业，这么多年来一直被垄断，如今，这个行业被很多人称为关系到国计民生战略的新兴产业。它重要，是因为关系到每个人的身体健康。

联影主要从事医疗影像和治疗的高端设备的研发和制造，所以离不开自主创新。我想先简单介绍一下影像设备，它是用来诊断疾病的。现代医学影像变得越来越重要，可以说，现在很多医生诊病无法脱离影像诊断的辅助，如果没有影像资料，有些手术也无法去做。就像中医里的望闻问切，影像是现代医学的基本诊断手段。影像设备主要包括X光机、磁共振、PET-CT（Positron Emission Tomography-Computed Tomography，电子发射断层及X射线计算机体层摄影成像系统）及核医学分子影像。影像技术除了对日常临床诊断很重要以外，在重大疾病的探索方面，包括人体奥秘的探索，都起到了关键作用。这个行业的门槛比较高，因为它是多学科交叉，集知识密集型、资本密集型、技术密集型以及创新密集型于一体的行业。这个行业实际是国家科技进步的重要象征，也是全民健康保证能力的重要标志。

在过去40多年的改革开放中，我们的确得益于国际开放，也正是由于国际开放，中国经济才能更加强盛，才有更多高科技领域的发展。但是到了今天这个新的时期，我们不得不重新思考这个问题，它的的确确可能成为一个矛盾命题，从最近的"华为事件"便可以看出，美国对中国的高

行业大势

科技行业，尤其是关键行业高科技企业的打压，不得不引起我们的高度重视。另外，目前美国对华人科学家的排挤，同样也需要重视，高端产业一定会受到影响。最近，我们企业也多多少少受到了"华为事件"的影响，因为我们有很多核心部件来自美国，因此，一些关键部件采购更加困难，申请流程更加复杂。

总体来说，被列在《中国制造2025》战略的八大行业都会受到这次国际事件的影响，与这些行业相关的人才回归也遇到很多困难。最近，美国政府对美国大学的所有重点技术专业都进行了认真排查，使很多优秀的中国学生难以进入关键专业去学习，比如工程技术、计算机、生物医药和新材料等；也有很多深耕这些领域的华人科学家被迫离开现有的位置，又很难找到合适的位置。这些都是一种预兆，中国的战略产业发展一定会遇到困难。

很多专家认为这次中美贸易摩擦从表面上看是关税之争，实际上是一次全球治理结构之争，是全球"老大"与"老二"的国力之争。有很多人认为，从今以后中美之间的交往不会再回到从前。

在这种情况下，未来如何发展医疗行业呢？我们认为创新突围是这个行业的发展之路。从中国医疗影像设备的发展历史可以看出，我国在这个行业相当落后。行业的落后会导致很多问题，正如习近平总书记在2016年全国科技创新大会上所说，我国很多高端医疗装备主要依赖进口，这成为看病贵的主要原因之一。从已有数据可以看出，2014年这一行业的发展基本上是被垄断的，更早以前，垄断程度更高。比如截至2017年，每100万人口CT（Computed Tomography，电子计算机断层扫描）设备的保有量，日本有92.6台，美国有32.2台，而我国大概只有14台左右；再如每100万人口磁共振设备的保有量，日本有51台，美国有32.2台，我国家只有近6台。这说明，我国医疗影像设备行业不发达，主要依赖进口，国内的高端医疗设备严重匮乏。

行业被垄断的原因有很多，最根本的原因是我们自身实力不强。这个行业里有一万多家医疗设备公司，但是大多数都是规模非常小的公司，几十年都得不到发展，这与企业家的经营理念有密切关系。大多数企业为了生存、活下来，一味地追求"快"，而没有长远的发展理念，更没有求胜心。

联影医疗于2011年成立，这是我第二次创业。第一次创业是在1998年，我带着几位从美国回来的科学家，一起组建了一家专攻医疗影像设备的公司，叫深圳迈迪特仪器有限公司。当时我们的产品很单一，只做磁共振，经过3年多的发展，因为多方面的因素，我们被迫把公司卖给了西门子。当然其中最重要的原因是我们没有掌握核心技术，有一个关键设备的供应商被GE公司收购了，断了货。在2001年12月11号，也就是我国加入WTO（World Trade Organization，世界贸易组织）的同一天，我们对外宣布和西门子合作，将公司75%的股份出让给西门子。从投资的角度来说，我们当初投资了1500万元，出让时估值是8000万美金，按照当时的汇率，获得了40多倍的回报。那次并购在行业里也引起了不小的震动。后来我在西门子做了10年的CEO，2008年底我离开了公司，准备第二次创业。

2011年，我在上海成立联影医疗。当时我们就定了几个规矩。第一，我们要掌握自己的核心技术，这是第一次创业失败得到的教训。第二，我们的胆子要大一点，要做到全覆盖。第一次创业时，我们只做一个产品，很难参与市场竞争,所以这一次,我们实现了影像产品的全覆盖。第三,我们的起点要高,高举高打,要敢于挑战一流技术。对于研发项目,要做就做最好的。

经过九年的努力,我们的确取得了一些阶段性的成果,公司部分产品属于世界首创,这也得益于联影这个平台所吸引的大量国际化人才。可喜的是,这个行业里有很多华人,不仅是中国公司,包括国际公司里都有华人科学家的身影。这给了我们一个启示:只要你将平台打造好,就能够吸引一流的人才。有了人才,你就能做出一流的产品。

我们研发了一款两米的PET-CT机,是人类第一台能够为人体动态代谢研究、疾病发病机制的诊断带来革命性变化的医疗影像设备,具有重大的临床价值和科学价值,这就是坚持自主创新而有收获的力证。

再对比近年来医疗影像设备市场占有率的变化,我们可以发现,整个行业都在发生巨变。从行业新增市场发展状况来看,国产CT设备的国内新增市场占有率由2014年的20%上升到2018年的40%;磁共振设备的国内新增市场占有率由2014年的10%上升到35%;PET-CT的国内新增市场占有率由2014年的0%上升至2018年的60%,联影PET-CT于2016—2018年连续3年蝉联中国PET-CT新增市场份额第一。

同时,中国的医疗影像设备行业又开始走向海外,进入国际市场。这说明,只要有创新的产品、领先的技术,你的产品一定能够进入国际一流市场。

最后,我想谈论一下"未来"。随着新技术的出现、人工智能的普及、新材料的涌现,这个行业也进入了新的时期。将来的产品会更加精准,剂量更低,小模态、小型化,更加智能化。为此联影医疗也做了布局,除影像设备以外,我们还有人工智能公司、智慧医疗服务公司、手术机器人研发和生产公司。更重要的是,我们最近成立了自己的微电子公司,也就是说,我们要自己从事芯片设计的工作,因为未来的医疗设备会更加智能化、小型化,如果没有芯片技术,这一点是没办法做到的。这样做的目的主要是想覆盖预防、诊断、治疗和康复场景,打造全智能化的医疗健康生态。

总而言之,在新的时期里,医疗设备这个特殊行业,只有坚持自主创新才有出路。

新时期金融服务变化

文 洪　崎　民生银行董事长

民生银行主要是为民营企业服务的，所以这些年来一直跟随和投身于民营经济的发展。民营企业遇上变革和困难，我们作为金融服务机构，在供给侧结构性改革中，为民营企业提供高质量的经营服务，这是我们的应尽之义。

我想讲三个方面的问题：第一，国内外环境发生了新的变化；第二，企业对金融服务提出了新的需求；第三，民生银行助力民营企业高质量发展。

第一，国内外环境发生了新的变化。

从国际形势看，中美经贸摩擦正在打破原有的国际分工，世界格局正在发生变化。改革开放前，美、欧、日是研发中心和销售市场，"亚洲四小龙"国家和地区是生产中心，其他发展中国家是原材料的生产基地，中国基本上不参与国际贸易。改革开放后，特别是入世之后，一直到2008年国际金融危机，中国成了全球最主要的生产中心，美、欧、日仍是研发中心和主要的市场，资源富集国是原材料和初级产品中心。但近几年，一方面贸易保护主义抬头，发达国家制造业的企业回流和市场截流趋势显现。另一方面，中国经济进入新常态的转型期，我国要继续保持制造业中心的地位，同时要建设市场中心和研发中心。

从国内看，我国正从传统的比较优势向新的比较优势过渡。过去我国在国际分工中的地位是改革开放和第三次全球浪潮碰头的产物，是人口红利、资源充裕、环境容纳量等大比较优势下自然形成的分工格局。但是随

行业大势

着我国生产成本的上升和周边发展中国家低成本优势凸显，我国中低端制造业面临着向发展中国家分流的局面。

内外因素作用下，我国企业传统加工贸易"两头在外"的模式亟待改变，未来劳动力素质较高、部分行业和技术领域市场空间较大等比较优势，将决定我国国际分工新的方位。

从价值链看，我国企业急需向价值链曲线两端攀升。近几十年，国际贸易经历了从产业间贸易到产业内贸易，再到产品类贸易的转换历程。2000年，全球价值链的两个中心是美国和德国，现在美国、中国和德国成为中心。而在价值链的演进过程中，中国的比重在增加，附加值所占比重尤为明显。与此相伴的是，国际贸易中中间品和产成品贸易占比逆转；跨国企业逐渐主导国际贸易，目前已占全部贸易量的80%左右。这种变化的内在逻辑是在亚当·斯密的分工理论、科斯的企业边界理论、大卫·李嘉图比较优势理论基础上形成的全球价值链理论。跨国企业凭借科技、市场、渠道、品牌优势，通过产业链、价值链、供应链整合全球资源，与各国企业合作优势互补、降本增收。但在全球产业链中，我国企业参与的多、主导的少；低端的多、中高端的少。2019年世界500强中，中国企业数量约为美国企业数量的1.1倍，但中国企业的收入和利润均落后于美国，美国企业收入约为中国企业收入的1.1倍，而利润是1.7倍。

第二，企业对金融服务提出了新的需求。

面对百年未有之大变局，党的十九大提出加快发展先进制造业，推动互联网、大数据、人工智能和实体经济深度融合，促进我国产业迈向全球价值链中高端，培育若干世界级先进制造业集群等要求。未来我国企业将围绕科技和市场的主线，提供技术水平、研发能力、配套能力、品牌渠道、行业标准、市场份额、分类参与不同类型的价值链，提升价值贡献，跳出低端锁定，我国企业因此产生新的金融需求。

一是跨国企业在经贸摩擦背景下将调整市场，供应商和经营模式更加注重开拓"一带一路"市场，大量整合发展中国家资源，特别是推动高铁、建筑和基础设施、电子通信等我国优势产业走向"一带一路"，提升我国在发展中国家贸易环流中的枢纽地位。相关重点企业凭借着经贸合作区、国际产能合作等载体，在价值链中处在主导地位，需要调动更多的上下游配套企业，整合沿线各方面的资源。相比之下，"一带一路"沿线情况复杂，金融供给有限，跨国企业金融需求的数量明显增加，金融模式需要更多的创新。

二是随着营商环境等改革深入推进，部分的头部企业需要加快整合，形成国内的产业链、供应链和价值链，依靠完整的产业配套、产业集群，自贸区、试验区广阔的市场空间和已有的技术等，企业将不断加大科技、知识、人力等高端要素投入，突破关键的核心技术，形成完整的国内价值链。在内需引领下，不断提升价值水平。在此过程中，中小企业需要迅速地融入国内产业链，提供高技术零部件和生产型服务配套。初创类企业要聚焦科技创新、绿色环保、中高端消费、共享经济等领域，这些企业要求金融服务的形式更加丰富有效。

三是发达国家正在推出零关税、零补贴、零壁垒的新贸易标准，我们既不会照搬，也不会无视，有条件的企业和企业集群需继续积极地嵌入发达国家主导的全球价值链、创新链，主要任务是"干中学""学中研"。既要学习世界先进技术和标准，通过自主研发不断提升配套能力和价值水平，还要适应科技与制造业高度融合的新科技趋势，探索形成新的分工和贸易模式。但受保护主义、经贸摩擦等非经济因素的影响，不排除外国政府或者企业可能阻碍原有的融资渠道，因此这些企业的风险管控、资金结算、跨境交易等理财投资金融需求进一步地提高。

第三，民生银行助力民营企业高质量发展。

面对金融科技发展新特点和民营企业金融新需求，2018年，民生银行进一步聚焦形成民营企业的银行、科技金融的银行、综合服务的银行发展战略，围绕更好地服务民营企业这个核心，构建以客户为中心的组织架构和管理机制，充分运用大数据、云计算、人工智能等现代科技，建设数字化、轻型、平台化银行，实现精准营销、全面风控和精细化管理，完善产品设计、优化服务模式。

我们会根据客户的规模，将民企客户分为战略民企、中小民企、小微企业，分类提供服务，为民营经济的壮大和国家经济的发展贡献力量。

人口与中美科技竞争

文 梁建章 携程集团董事局执行主席、北京大学光华管理学院教授

中美关系现在是最热的话题,我觉得最关键的要看创新跟人才。我想先把结论抛出来:

第一,在未来的10~20年,中国的创新能力将继续赶超美国;

第二,长期来看,中国需要有更多孩子,美国需要更多移民。

中国的创新能力突飞猛进,很多指标已经非常接近甚至超过美国,比如专利数、高科技产品出口数、位居世界500强的高科技公司数量等。

在这里,我只举一个指标:中美两国在国际顶尖杂志上发表的论文数。美国在这方面非常强,而且近10几年跟其他国家的差距越拉越大。近10年的创新是由IT(Internet Technology,互联网技术)引领的,人口多、消费市场大的国家数据就多,科技产品也更有优势,所以美国IT产业的发展比其他发达国家快很多。

中国是一个非常大的国家,经济增长又非常快,所以中国赶得更快,现在已经接近美国。从趋势看,在不远的将来中国会超过美国。

中国经济总量比较接近美国,就两国研发支出经费占GDP的比例而言,2016年中国是2.11%左右,美国是2.74%;从总金额来看,中国可能是美国的60%~70%。

从研发人员的工资看,华为、携程的工资可能只是硅谷公司的1/3左右。至于研发人员的数量,中国已经超过美国,从大学生到博士可能是美国的几倍。

大家也许会问,人才质量怎么样?人才质量是非常难以衡量的,整个

行业大势

经济学界也没有很好的测量办法来比对一个国家的人才质量。我列了一个相对可比的指标。我们必须承认，全世界的本科生都在排队去斯坦福、哈佛、麻省理工学院等世界顶尖大学的研究生院、博士生院。

这些大学在一个国家接收多少博士生、研究生，反映了那个国家本科生的质量。这只是一个指标，但是相对可比，它基本上按照过往接收来的本科生的表现，来决定未来在某个国家接收研究生、博士生的数量。

2016年，美国大学所有的外籍理工科博士里，中国占了约1/3，比例非常大。当然，中国人口多，占比自然高。我们可以通过对比几个人口大国在美国的人均博士生数，来反映中国本科生的质量。

2016年，中国基本上是每百万人产生4个在美理工科博士，德国是2个多，英国和印度分别是1.8个和1.7个，法国1.6个。日本以前不错，但随着人口数量的减少和老龄化，现在这个指标只有1.3个，还不如印度。其他一些国家虽然人口多，但本科生质量比较差，在美的人均博士生就少，比如巴西不到1个，印尼不到半个。

从这一点来看，中国本科生的质量跟欧洲国家处在同一水平，甚至比他们更好，这反映了中国人才的创新力和潜力，是好消息。

还有一个坏消息：中国未来会出现倒金字塔型的人口结构。很多发达国家的生育率也在下降，但中国下降得特别快。

中国的生育率与自身的发展水平相比已经超前了，跟发达国家差不多，比其他发展中国家低很多。人口以每代人减半的速度在衰减，这是长期的效应。

短期的影响没那么糟糕，但是未来30年，老年人数量会增加得很快。目前，中年人数量已经达到了顶峰，基本上维持稳定，略微下降。年轻人数量下降得比较快。这是过去30年出生的人口所决定的，是非常精确的预测，不可能有任何变数。

还有一个没有那么坏的消息和一个比较好的消息。虽然中国年轻人口的总量在减少，但平均教育水平在提高。总体来说没有那么悲观，近期来看，中国的创新力还是非常不错；长远来看，如不能提高每年新生孩子的数量，生育率低将是一个非常令人担忧的事情。

我们来说说美国，美国最大的优势是开放，能够吸引最多的移民。大家认为特朗普在开倒车，但美国是在极度开放的水平上开倒车，它仍然是对高端人才最有吸引力的地方，容纳、接纳从世界各地来的人。

美国每年吸引近百万移民，总数非常大，但占比并不大，只占美国人口的0.3%。美国现在在开倒车，其实它提高移民数量的潜力还非常大。

我们需要讨论一件事，对高端人才的吸引力到底多大程度上推动创新，能不能量化一下？有两个维度可以衡量。一个维度是博士生里外籍人士占比。美国的文科专业里，外籍博士占比较小，但跟科技创新相关的理工科，外国人比例一直在提高，有些专业已经接近一半。如果把这些专业作为代表，那么外国学生对科技创新的贡献可能放大一倍。

另一个维度是美国大概一半的高科技企业有外国移民。从这个角度来说，美国的人才池也差不多放大一倍。

中国的人才数量已经略微超过美国，未来会继续赶超，直到20年后，中国的人口红利基本上枯竭。但美国可以继续吸引移民，所以它还是缓慢上升的趋势。那30年、40年、50年后到底谁更强呢？

另外，中国即使在现有的创新力下，发展潜力还是非常大。前几年老说中国的创新力不行，你得看跟谁比。跟收入差不多的国家比，中国的创新力要远远强于他们。跟西班牙等发达国家中偏弱的国家比，中国的创新力已经接近他们，且人均收入只有他们的1/3~1/2。所以，中国的经济和创新力还有很大空间。

最后，我总结一下，由于人才等方面的优势跟惯性，未来10~20年中国的创新能力将继续赶超美国。长远来说都不乐观，中国需要更多孩子，美国需要保持开放、吸引更多移民。吸引更多移民容易，还是生更多孩子容易？现在看来，特朗普有点开倒车；而生更多孩子也非常难，但我觉得，如果中国政府能够发扬搞经济的决策力和执行力来鼓励多生孩子，还是有希望的。

崛起新秀

5G在产业链上有三类公司：一类是与技术、网络设备、终端设备相关的公司，如华为等；一类是运营商（移动、联通等），它们只要升级自己的网络就能够获得巨大的商业回报；一类是应用型的公司，这类公司又分为To C的和To B的，我觉得To C的将来会百花齐放。

产业互联网的未来，谁主沉浮

随着数字化的进程，移动互联网的主战场正在从上半场的消费互联网向下半场的产业互联网方向发展。产业互联网意味着，制造业、农业、能源、交通、教育等诸多传统领域将被互联网所改变和重构，也将通过互联网提高跨行业协同的效率，实现跨越式发展。在这一过程中，坐主驾的是传统企业还是互联网？二者又该如何分工协作推动产业发展？

在2019年亚布力论坛第十五届夏季高峰会上，信中利资本集团创始人、董事长汪潮涌，物美集团总裁张斌，第四范式总裁裴沵思，益普索Ipsos中国董事长兼CEO刘立丰，UNPay（优付全球）创始人兼CEO章政华等嘉宾就产业互联网的未来发展进行了深入讨论，财新传媒常务副总编辑、财新网总编辑张继伟主持了该场论坛。

张继伟： 随着技术的发展与进步，5G、AI、云计算、大数据，互联网等的发展已经从上半场的消费互联网转向了下半场的产业互联网。互联网能够赋能、赋权，但是在消费互联网行业我们看到的不是赋权，而是夺权，对原来的很多行业都产生了颠覆性的作用。产业互联网则不太一样，它是从技术端到产业实业端的相互融合、相互渗透，是共生的业态环境。我抛砖引玉，请几位嘉宾谈一谈对产业互联网的看法。

汪潮涌： 我从投资的角度分享一下对产业互联网的看法。产业互联网是区别于消费互联网而言的。2012年，美国GE（General Electric Company，美国通用电气公司）在一份白皮书中首次提出了"Industrial

变局——中国企业迎战"黑天鹅"

Internet"*的概念。后来，GE又和Intel（英特尔公司）、IBM（国际商业机器公司）、AT&T(美国电话电报公司)等一起组建了工业互联网联盟。从2012年开始，他们就在美国和全世界范围内探讨如何把互联网的技术和产业，尤其是工业制造业、流通业、金融服务业、医疗服务业等进行融合，利用互联网的技术来做流程再造、数据共享，以提高服务的效率，提升价值链。2017年10月，党的十九大报告提出：加快建设制造强国，加快发展先进制造业，推动互联网、大数据、人工智能和实体经济深度融合。为贯彻落实党的十九大精神，2017年10月30日召开的国务院常务会议通过了《深化"互联网+先进制造业"发展工业互联网的指导意见》，指出要以推进供给侧结构性改革为主线，结合实施《中国制造2025》和"互联网+"，加快建设和发展工业互联网，促进新一代信息技术与制造业深度融合。工信部在2019年1月份正式印发了《工业互联网网络建设及推广指南》。作为投资界的一员，我们需要关注国内政策对于产业互联网发展的引领。从产业互联网的角度来讲，既有互联网巨头向产业的延伸，也有传统制造业、服务业、物流业、金融服务业巨头利用互联网提升自己

---

* 工业互联网和产业互联网的英文均是"Industrial Internet"。我国一般将"Industrial Internet"翻译成"工业互联网"。但实际上，GE发布的白皮书中不仅涉及电力、石油天然气等工业领域，还包括航空、医疗、铁路等服务业领域。因此，从这个角度来看，把"Industrial Internet"翻译成"产业互联网"也符合GE白皮书的意思。在中国实践中，"工业互联网"的提法比较官方；"产业互联网"更市场化，除专注于工业领域的少数企业外，其他企业更倾向于采用"产业互联网"的提法。

的产业链，这是一个相互渗透的过程。

张斌：关于产业互联网我想讲两点。第一，流通产业工业化。张文中博士在1994年创立物美的时候就提出"流通产业工业化"这个口号，如何使流通产业按照工业化的原则进行重塑和重组？在互联网没有出现之前，要实现流通产业的全面工业化比较困难，因为从商业角度来讲，商品很多，对顾客的服务也千差万别，要把商业按照工业的逻辑组织起来是非常有难度的。这一轮互联网高潮到来之后，给流通产业工业化提供了一个非常好的契机。

第二，关于如何实现流通产业工业化的问题。在大的互联网行业背景下，我也有两句话：一是全面回归商业本质；二是彻底拥抱互联网。为什么会有这两句话？任何一个行业一定有它的本质，如果抛开本质追逐一些泡沫或者其他的东西，可能带来一个不好的结果。商品流通企业的本质就是为顾客提供高品质、低价格、令人心动的商品和服务。如何实现呢？就是通过产业互联网的方式全面数字化，彻底地数字化。从商业这个行业看，全面数字化包含几个方面的含义。

一是顾客数字化。顾客每天消费了什么，在什么地方消费的，他的消费倾向和趋势都是什么。把顾客的消费行为变成数字化的可以描述、可以追溯的一个体系。通过数字化为顾客提供更好的服务。顾客的数字化是全面数字化，也是流通产业能够和互联网深度结合和运行的基本前提。二是商品数字化。商品的数字化是使商业能够真正全面互联网化的最核心基础。三是员工数字化。员工所有的工作是成体系的，而且是按照数字化的要求罗列出来，使整个员工的管理完全在线。四是流程数字化和管理全面数字化。

裴浠思：产业互联网的第一个特点是快速进化、迭代、试错。从产业互联网本身来讲，如果除去企业内部管理的诉求、高科技的技术应用元素的提高以外，产业互联网更像是一场进化。站在全球最佳实践的角度看，目前已经没有哪条产业链、没有哪个具体的解决方案在产业互联网层面可以作为一个最佳实践，因为所有人都在摸索，全世界都在摸索——怎么能够把机器跟人连接得更紧密，怎么能让机器之间通话，所以这是一场非常大的进化。目前大家都在"找路",都在往前拓展。

第二个特点是数据觉醒,机器决策正逐渐取代人的决策。这次产业互联网变革的背后有一个巨大的推动力,就是数据自己在开始觉醒,数据在帮助企业往前驱动。这背后更大的趋势是机器决策在逐渐取代人的决策,这件事情在发生很大的作用,无论是由于科技成本元素的急剧下降还是数据量的逐渐丰富,或者是互联互通水平已经大范围地超过企业内部的范围,在向整个全产业链覆盖,这几件事都推动了机器的觉醒。

刘立丰:我个人对产业互联网的看法跟张总和裴总的观点非常接近。

第一,刚刚张总提到的顾客数字化是很对的,这其实是面对用户的数字化,或者说是互联网化。第二,商品的数字化其实是企业生产经营的数字化。第三,员工的数字化也是企业内部管理的数字化。所以张总刚才提的数字化与我们现在对产业互联网的理解是非常一致的。

我们现在专注在第一个事情上就是利用人工智能、利用机器学习、利用深度学习的方式来处理用户的数据,帮助企业直接面对用户,来进行营销和客户关系的管理。传统意义上来讲,企业无论是做B端的生意还是做C端的生意,很少直接面对用户,很难听到用户的声音。当然企业可以通过调研公司、咨询公司帮助其了解用户的需求。但是在5G、在产业互联网的前提之下,企业直接倾听用户的声音变得完全有可能。我们现在正在做的一件事就是帮助企业建立自己私有的消费者数据库,通过对用户消费行为原因的研究分析,不仅能找到这些行为的数据,也能找到态度的数据。我们抓取所有这些用户在不同场合的评价,或者是一些其他方面的信息,把它们综合在一起,通过机器学习、深度学习,为找到一些应对这些用户的方法,也就是"数据智能营销"。通过这种方式来帮助企业打造品牌,这种品牌有可能是要直接面对消费者的品牌,像宝洁公司出的一些产品,很大程度上是借助于消费者数据库,或者零售商的私有数据库,通过数据分析、管理平台,去直接面对用户。

章政华:关于产业互联网,我认为产业是核心基础,但是互联网是重心。回归到互联网,首先要用无界的观点去看产业,因为互联网的竞争不是一个单点的竞争,而是一个全面的全球化的竞争。国内做得好的企业开始走向全球做互联网的时候，发现以前没有遇到的问题都遇到了，比如海外的收款怎么解决？很多企业，国内的经营利润很好，但到海外一年就亏完了。近两年来，人民币汇率波动幅度较大。比如2018年2月7日，在岸人民币兑美元汇率为6.2519，而2019年9月2日，在岸人民币兑美元汇率为7.1842，一年多的时间内波动幅度近15%。所以在出海之前先得解决全球的收付问题。

全球很多企业很早就在做产业互联网的事情了。今天我们谈产业互联网，不能回避的事情就是要从全球视野看待这个产业，不然基于自己单纯的小的数据去做产业的优化，最终比拼效率的时候，和全球的大数据比的时候，会出问题。

张继伟：从整个产业发展趋势来看，哪些领域可能出现好的机会？在消费互联网时代，出现了很多巨头，这些巨头对平台性的企业，对实体经济是有冲击的，在产业互联网阶段，原来的平台企业是不是会延伸这样的一个优势，继续持续地打击实体，或者会不会出现一些新的机会？出现新巨头的可能性在哪里？

汪潮涌：在投资领域我们确实也很困扰，在消费互联网领域，过去的巨头是强者愈强、大者愈大，它们从消费领域也在向各个不同的产业领域里渗透和延伸，因为它有巨大的用户数据，有巨大的流量优势，还有品牌和资本的优势。这一领域我们的投资策略基本上就是"傍大款"，跟着巨头一起，走向他们延伸的领域，投他们关注的领域里的一些初创企业，最后被巨头收购或者是战略合作，这是第一个思路。

第二个思路也是在产业互联网领域里寻找一些初创企业，这里面有模式型的，也有硬科技型的。产业互联网里面有一个很重要的环节，就是数据的采集

端,比如说传感器、智能化过程的算法、芯片相关的一些公司等,这作为我们的一个投资方向。从投资的角度看,产业互联网领域的区别和消费互联网的区别还是巨大的,因为消费互联网,尤其是在中国,出现了世界级的互联网巨头,因为中国的用户红利,中国巨大的消费能力,中国本土化用户的痛点解决、场景,使得我们中国产生了世界级的消费互联网巨头。

在产业互联网里面,我认为中国也出现了几个巨头,一个是平安,一个是华为,这两家公司可以说是产业巨头里边拥抱互联网、拥抱新技术、拥抱人工智能、拥抱大数据做得非常好的两家公司,他们的增幅可以媲美互联网巨头。美国这些年在人工智能方面出现了一个千亿美元市值的公司——英伟达,算法的推动使得它的价值成长很快。其他的几百亿美元市值的公司也在出现。在中国人工智能头部企业里面,我们看到像商汤、云从、依图这些公司的价值成长很快,但是他们和消费互联网的巨头相比还是显得比较小。所以我们要承认在产业互联网领域里面由于产业的特性不可能产生赢家通吃的局面。未来这些产业互联网出现的领域,比如汽车业、制造业、流通业、金融服务业等,会把行业应用做得非常彻底,标准化会做得很高。最后在中台这个领域,比如数据中台,可能会出现比较大一点的公司。所谓的中台就是把一些单个业务的共性提炼出来,最后把它中心化、标准化,形成有价值的东西,就像阿里提出的"大中台、小前台",这种产业互联网模式可能会催生比较大的投资机会和投资标的。

张斌: 消费互联网巨头拥有流量的巨大优势,拥有巨大的资金优势,拥有品牌优势。在目前消费资源濒于枯竭的情况下,不往产业发展是不可能的。而且目前消费互联网和产业互联网的界限也越来越模糊,阿里巴巴实际上也在往产业上走。从另一个角度看,目前工业企业也面临如何运用互联网的基本特点

来使自己的销售和行业的行销组织更加产业化的问题。

我觉得这里面有非常大的空间，把生产环节和销售环节更好地、更全面地对接起来，将会在不同领域产生若干个巨头。

裴沵思： 产业互联网在国内还是有规律可循，最早的时候BAT（百度、阿里巴巴、腾讯，中国三大互联网公司）占领流量的核心地位，接下来是金融企业，由于它的数据量极大，而且数据质量非常好，金融行业产生了非常多的智能化的势能，整个金融行业背后的智能化水平极高，而且快速发展，这实际上是产业互联网的一个推动力。除了金融之外，有两个行业趋势非常明显。一是零售业，零售行业离客户近、离钱比较近、离需求比较近，在整合供应链、更好地为客户服务上，小的改进就能见到成效提升。二是制造业，尤其是汽车、快速消费品和零部件，这些领域在产生大数据的过程中产生了数据智能，当数据智能出现之后，就会对数据有更高的渴望，数据更多之后就会产生更好的决策，形成一个闭环之后，它就会向整个产业链辐射。此外，像航空、能源、军工、医疗等都有点上的突破，但是没有形成特别大的气候。

从云的角度，从BAT中台角度看，这是整个产业互联网的基础设施，但是这个基础设施不是企业的核心决策中枢，更多的是连接器的作用。所以从这个角度来讲，我们的合作更应该朝这个方向进行：在互通、互联的基础上利用云、BAT及更多的技术获取更多的数据，积极主动地探寻自己的决策大脑。

刘立丰： 今天的题目很有意思，一个是主驾，一个是副驾，我认为面对用户的信息系统一定是主驾，因为只有倾听用户的声音才最能够知道企业应该往哪里走，所以我们也专注在这一块事情上。在过去的一两年时间里，我们帮助国内领先的汽车合资企业把它所有的用户数据放在DMP（Data Management Platform，数据管理平台）平台上，这个平台能够帮助企业解决很多的问题，比如用户开什么车、什么时候保养、什么时候维修，有什么样的反馈、有什么样的想法——这些数据不仅包括行为的数据，也包括态度的数据，还包括用户在网上发表的数据。在用户同意的情况下，他们被纳入企业的私有数据库中。现在很多企业开始做这件事，这极大地提升了用户在企业生命周期里的价值。

现在更可喜的是快消行业，我们有一些快消客户也在建这样的数据库。现在社交平台、5G加上互联网本身的基础技术，使得企业跟用户建立直接的连接变为可能，未来任何一个企业都可能会有直接跟用户连接的消费者数据库，可以根据自己的需求给企业直接下订单，用户的需求可以跟企业直接对接。

章政华：我个人觉得产业互联网没有那么神奇，本质上，现在所有的新技术，无非在解决两个事情：一是把以前的货数据化；二是把以前的流程管理智能化，降低人的决策。以前做实业企业看到的是地、是货、是人，未来脑子里就是一串数字，本质是这么一件事情。

对于未来，既然是互联网，一定要有国际化的视野，国际化视野不是说看全球就是国际化，而是思考上的国际化。国际化思考最大的一点是从顶层思考，往下解决问题，否则未来会做着做着发现这里缺一个胳膊，那边少一条腿，中国企业在国际化思考上是真正需要加强的地方。

张继伟：产业互联网发展很有前景，但是目前看，无论是技术公司还是实业，在产业互联网方面，企业的体量还都没有办法和BAT相比，是不是表示现在的AI、云计算这些技术的应用，实际上还没有达到爆发的阶段？这里面是不是有一定的泡沫？下一步技术革命的爆发还需要什么样的技术突破？

张斌：实际上任何技术革命，爆发性的技术革命或者是能够代表一个时代的技术革命，它都有一个周期。马云说，大概50年是一个周期，从互联网开始到目前正好是在这样一个中间的时间点上。实际上，在未来一定会产生出若干家能够取代或者和现在这些如日中天的互联网巨头相媲美的企业。现在在不同的行业、不同的领域，一些企业在扎扎实实地做产业互联网化的工作，只要这个行业足够大，企业自身在这方面运用的技术和手段比较恰当，又在一个合适的时间点，它一定能够成功。另外，技术在不断地发展进步，5G会带来什么样的革命，目前无论怎么预测最终都会让人大跌眼镜。就和当年4G产生时一样，在4G刚刚开始出现的时候，谁都没有想到，包括支付革命以及由此带来的整个互联网的革命。随着时间的推移,未来5G可能会带来更多变化,我们拭目以待。

裴沵思:现在我没法谈是不是有泡沫的问题,因为目前人的决策这件事情还不够系统,何谈机器决策取代人工决策?

5G对整个产业互联网发展是一个极大的利好因素,5G到来有可能没有市场期望的那么快,但是随着各方面要素的成熟,它爆发起来产生的速度有可能比我们的期望更高。

刘立丰:我觉得所有的大企业包括相对传统的行业,通过产业互联网化,通过技术都能够取得非常快速的成长,这是一方面;另外一方面,我们谈的数据中台在很大程度上是从所谓的"赋能B端、服务C端"的角度来讲,这个产业会非常快速地成长,但是不是一定会出现BAT这样量级的企业,我觉得这是另外一个话题。因为如果直接服务B端的话,就有很多个案化的需求或者定制化的需求,怎么在技术的平台之间找到一个平衡点来实现快速增长,这可能是一个比较重要的话题,所以还是有很多挑战。

章政华:从产业互联网来讲,我认为整个市场规模非常大,一是产业累加起来的市值会远远超过BAT;二是新技术的应用会促使产业互联网的爆发,当下应先做最快和最有效的事情。今天我们除了做产业的垂类互联网以外,还需要有一个跨行业的知识平台的积累。

张继伟:刚才几位都提到了5G,5G现在非常热,但是5G具体对产业互联网的提升作用主要体现在哪里?哪些行业的5G会利用得更好,哪些类型的公司会先杀出来?

汪潮涌:5G在产业链上有三类公司。一类是与技术、网络设备、终端设备相关的公司,华为就是最重要的一个代表。二类是运营商(移动、联通等),它们只要升级自己的网络就能够获得巨大的商业回报。三类是应用型的公司。应用型的公司又分两类，一类是To C（To Consumer，企业创业直接面向终端客户），另一类是To B（To Business，企业创业是面向企业、为企业提供服务）的。我觉得To C的将来会百花齐放——各种各样的创意公司把5G的流量用到极致便会产生意想不到的应用场景，就像4G里有抖音、快手、西瓜等一样，而在2G、3G这些用户体验很差的时候不可能出现这样的公司。在5G时代，To C领域可能会有一批新的应用公司产生，无论是游戏、娱乐类的，还是社交类的。在产业上，5G在无人驾驶、自动驾驶、辅助驾驶以及安防等方面会产生很多应用。工业制造、流通、医疗医护，包括支付和金融服务等领域也会产生相应的应用。这些应用能不能成为一个独立的、可投资的创业项目，这些创业公司能不能成为巨头，还有待观察。

张斌：我跟汪潮涌不一样，他是投资家，看得比较全。我们从应用的角度看，5G确实是能够带来目前想做而做不成的事情，还有更多我们想也没想到的、未来要做的事情。举一个例子，什么叫想做而做不成的事情？比如说超市，和更传统、更老的商业服务体系比，没有超市之前顾客拿商品得通过售货员取，结账的时候也是递给售货员结算；有了超市以后，顾客自己拿取商品。以前出门结账的时候需要有收银员来服务，但现在情况发生了变化，有的有智能POS（Point of Sales，销售终端系统）机，顾客自己扫码付款，包括智能购物车也是自己解决，当顾客推着购物车付款出去的时候，就有一个诚信度够不够的问题，是不是所有的商品都如实进行了扫描结账。目前，我们投资了一个公司专门在做边缘计算的防损系统，就是在智能POS机扫描的过程中，通过微小的表现和微小的动作来发现顾客没扫到或假扫等情况，但目前这套体系运算的速度还不够，还在不断地优化和迭代中。

张继伟：亚马逊也有那种实体店，是在没有5G的环境下做到的。

张斌：它用的是更老的技术，在防损的技术上，如果想很快地捕捉或抓到一些东西的时候就需要更快的速度来处理判断，我觉得5G的现实需求就在这里。更多的需求可能是我们想象不到的，而且我觉得想象不到的可能带来的惊喜会更多。目前通过全面实行数字化和智能化，整个店铺的用人数大幅下降,我相信5G全面来临的时候,随着每一项变革的完成,现在的用人数会更大幅度地下降。

我们现在有一个示范店,两年前的时候有200个售货员,而现在只有80个,未来可能只剩下二三十个,当然到时是不是实行全面无人售货我不敢讲,但是随着这样一种技术的不断应用、不断完善,我们整个的效率会大幅度提高,我们也期待5G运用早一点到来。

裴沵思: 我举一个例子,我们正在在跟中石油的管道公司合作,我们在他们管理的上千公里的石油输送管道上,选了100多公里做实验,布了很多传感器,这些传感器有边缘计算能力,而总部的机器大脑会帮着计算当出现什么样的现象、什么样的情况时产生什么样的响应,然后把这个计算能力输给传感器,让传感器做决定。100公里是算得过来的,而且核心大脑的反应速度是毫秒级的,但是在传感器端不是这样,速度没那么快——布几千公里就算不过来了。从这个角度可以看出,5G的进一步实现,即使是对这样的头部战略场景,都会有极大的促进作用。但是我觉得这只是5G的其中一个好处,当5G进一步实现的时候,会让那些非头部客户想象中的场景出现在运营中,那才真正是一个新时代的到来。当那个时代到来的时候,在5G的基础上会产生一个新的生态,那将不只是数据互联互通,谁来做咨询、谁来做运营、谁来帮着做决策,哪些供应商以什么样的价格可以帮企业做变革,而是将变成现在像我们给企业上一套OA(Office Automation,办公自动化)系统一样,将是一个非常可期的、数据极大而丰富的市场,也是一个成本大幅降低的整体产业链市场,更是一个会产生新的商业模式的市场。

刘立丰：今天早上邬贺铨院士讲的内容其实非常好地回答了今天的这个问题，在5G到来之后，首先体现的肯定是算力和算法的巨大提升，我认为在两个方面会有特别大的突破。

一是机器视觉方面。过去需要人工来读的内容，5G时代就可以由机器读出来，无论看到一个什么情景、碰到一个什么状况，都可以通过机器视觉的方式把它读进来，把它读懂，过去必须通过肉眼和大脑来做的事情，5G时代可以在很大程度上通过机器来实现。

二是智能或者决策方面。因为有了这样的算力和算法，过去需要长时间准备才能做决策的事情，可能因为5G的演进，临时现场都能非常快、非常正确地做出决策。这会使很多商业模式产生颠覆性的改变，这肯定是特别值得期待的一件事情。

章政华：埃隆·马斯克最早做信息流，后来做资金流，再后来做的特斯拉是物流，对速度有提升，所以回归到本质看，他解决了三个方面的创新：资金流、信息流和物流。这三个流是最关键的效率提升，我觉得5G肯定不是对物流效率有提升，而是对资金流和信息流的挖掘有价值。

BAT公司的市值为什么会增长上去？这并不是因为它们做了社交和游戏，而是因为它们进入了跟支付和消费有关的领域，把资金流和信息流环节打通了，因此他的成长性和社会关注度会有很大的提升。我认为，5G到来以后，资金流和信息流方面会有一些大的机会出现。

数字化与京津冀协同发展

《京津冀协同发展规划纲要》对京津冀的发展做了系统的顶层设计，描绘了京津冀未来发展的美好愿景和宏伟蓝图。过去的五年，京津冀三地虽然在交通、生态环保和产业协同等方面有一定的探索实践，但总体上处于谋思路、打基础的阶段。如何才能快速、高效地推动蓝图的落地？如何消除实施蓝图过程中的壁垒与障碍？如何才能实现真正的协同与共赢？

在2019年亚布力论坛第十五届夏季高峰会上，多点DMALL董事长、物美集团创始人张文中，当当网联合创始人、董事长俞渝，渤海银行股份有限公司党委书记、董事长李伏安，华铁传媒集团董事长路立明等嘉宾就上述问题进行了深入讨论，清华大学民生经济研究院副院长王勇主持了该场论坛。

王勇：中国经济发展的一个非常重要的动力来源是城镇化，它不仅是推动中国过去40多年经济发展的一个动力，而且已开始进入一个新的阶段，这个阶段就是都市圈和城市群的发展阶段。目前中国已隐约呈现四大城市群：一是京津冀城市群；二是以上海为龙头的华东地区江浙沪城市群；三是粤港澳大湾区；四是成都和重庆的成渝城市群，再加上武汉。这些城市群构成了一幅弓箭图，弓的北边是京津冀，南边是粤港澳，箭头是华东上海，箭尾是成渝，中间是武汉。

在这个城市群构成的弓箭图中，京津冀的位置非常独特，而且有非常雄厚的历史基因，因为整个这一带历史上就叫直隶，这一带的文化习俗、底蕴各方面非常有助于推动协同发展。我们提到京津冀，国家用的词是

"协同发展",而其他城市群经济圈用的词叫"一体化发展",提到"京津冀协同发展"前边还加了一个动词叫"加快京津冀协同发展"。

推进京津冀协同发展现在比较强调交通、基础设施等方面的建设,而从企业家的角度,在产业的协同方面,我们应该怎样有所作为呢?

张文中:中央提出来的京津冀协同发展比过去的环渤海战略更清晰、更有可实施性。因为以前讲环渤海,从经济要素的组合来看,相对来说比较分散,很难整合在一起。比如说环渤海的大连、青岛和北京、天津怎么整合呢?跨度太大。比较长三角地区、粤港澳大湾区和京津冀,粤港澳大湾区和长三角地区都有非常好的协同发展,不会说是上海一家独大,周边城市根本跟不上上海的发展步伐,在长三角地区除了上海,杭州、苏州、无锡、常州、南京都很强大。在粤港澳大湾区,深圳、广州、香港、澳门、东莞、顺德等的区域协同发展已经实现了。所以中央提出来的京津冀协同发展,有一个让整个区域提升进步的重要战略部署在里边做支撑。

目前京津冀协同发展的顶层设计、基础设施建设已经抓得非常到位。但是只有基础设施建设和顶层设计还不够,还需要加上去的、最重要的就是企业家精神,真正把创新、创业、创造作为京津冀协同发展的重要引擎和主要的动力。只有企业家的动力充分释放,京津冀协同发展的战略才有可能实现,才能真正看到这个城市群的崛起。

另外,我认为在京津冀协同发展过程中要特别注重以数字化为基础的、新型的商贸业发展,数字化就是一种完全彻底地拥抱互联网但又强调回归商业本质的发展模式,这种发展模式包容现在已经有的商场、已经有的供应链,并与其共生共赢,不是简单地用线上来取代线下。

崛起新秀

物美作为一家流通企业，2019年在京津冀约有900家门店，我们对于京津冀的协同发展，特别是以数字化为基础的商贸振兴充满信心，也会努力做出贡献。

俞渝：我非常赞同张文中刚才的发言，在京津冀协同发展过程中，一定要以数字化作为先驱。我觉得这是唯一可选的途径。为什么长三角和珠三角地区的发展不需要很多外力或者调控它就能够发展得很好呢？因为长三角和珠三角地区本来经济基础就好，长三角和珠三角地区被大量的消费人口包围着，各个制造厂商生产出来的产品离客群很近，所以在长三角、珠三角这样的地方很容易形成购销两旺的局面。但京津冀就不是这样的情况，尽管北京有两千多万人，天津有一千多万人，河北也是人口大省，但是从人口密度上来讲，远远比不上长三角和珠三角地区，而且长三角、珠三角地区的高密度空间是历史形成的，京津冀不可能去复制。所以京津冀的企业借助数字化，可以缩短地区之间的距离，如果可以用数字化的手段实现了京津冀一体化，就可以拉近与全国消费者的距离，还可以弥补地区之间人才与知识的差距，并反过来促进京津冀一体化发展。

李伏安：我从金融的角度来谈谈京津冀协同发展。历史上的天津是整个华北地区的金融重镇，解放北路从20个世纪初到30年代，金融的繁荣程度可以跟当年的上海外滩媲美，比广州、香港还要繁荣。为什么当时会出现这种情况呢？因为那时候清政府不允许这些机构到北京去，不允许外国人到北京做生意、开口岸，只能到天津。再加上物流，海洋和河流联运也只能到天津，也就是说物流、资金流、政策都到了天津，所以当时天津的金融发展得很好。

中华人民共和国成立以后，天津是工业重镇，也赶上了发展的好机会，但为什么天津的金融没有发展起来？因为

北京作为首都，吸引了大的金融机构来此驻扎，由此天津和河北的人才、资源也被虹吸了过来，所以北京的金融发展起来了，而天津的金融发展出现了问题。我个人认为京津冀协同发展战略非常重要，如果早提10年，一定会对华北地区、对中国经济第三支柱的发展起到更加重要的作用。

另外，北京、天津、雄安三个城市的城市群设计是整个京津冀协同发展的核心支撑。这三个城市要联起来，最关键的是两点：一是政府政策软实力的协同；二是配套服务的协同，包括金融服务软实力的协同。

政策的协同非常重要，以前是北京虹吸天津和河北的资源，现在是北京按照政策的要求主动疏解非首都的核心功能，哪些疏解到天津、哪些疏解到雄安，我认为需要政府政策更好地协同，甚至可以在一定程度上借鉴西方一些大都市的管理模式，成立大都市管理机构来协调这些政策。或者把三个地方的一些通用政策，如环保政策、交通政策、通信政策等协同起来、统一设计。

金融服务也需要统一化的管理，以修路为例，从大兴机场到雄安、到天津分好几段来修，一个投资项目要分成三段，要跟好几个政府去谈，每个地方标准、条件都不一样，地方政府的信用程度也不一样，发行的债券价格也不一样，报批的手续、程序也不一样，这边报天津审批、那边报河北审批，重要的还要到中央去协调，金融服务很难做到一体化。

产业分布和基础设施建设也需要三地联合起来，现在北京有华夏银行，天津有渤海银行，河北现在还没有，下一步要建一个雄安银行，《京津冀协同发展规划纲要》里原来计划要组建一个雄安开发银行，到现在还没有组建。这些都应该由一个金融机构统筹服务，统一审批。关于基础设施，也要有统一的程序模式，需要统筹。

路立明：交通对于京津冀协同发展有重要的影响，不论是京津冀、长三角、珠三角地区，还是成渝经济圈、长江中下游经济带，中国的铁路确实发挥了非常重要的作用。京津冀地区，北京到天津坐高铁需要30分钟，北京到石家庄需要67分钟，天津到石家庄需要84分钟。长三角地区，从上海到苏州坐高铁需要23分钟，上海到无锡需要28分钟，上海到南京需要59分钟，杭州到南京需要62分钟。珠三角地区，从广州到深圳坐高铁需要29分钟，从广州到香港坐高铁需要48分钟，从深圳到香港坐高铁需要14分钟。也就是说现在已经真正到了"分钟时代"。比如我们去外地出差，在家吃完早饭，不到中午就能到达外地，晚上回到家还能吃到晚饭，这就是高铁带来的便利，拉近了城市之间的距离，也让企业受惠于高铁带来的经济效应。

便捷的交通给老百姓的生活也带来了很大的变化，对于传统的城市概念、时空概念，包括城市发展模式都有很大改变，比如高铁给到达的区域和城市带来了经济和游客的增长。京津冀协同发展，只有将三地的交通一体化，才能把京津冀从三个独立的区域变成一个区域。北京到雄安的城际铁路开通以后，今后从北京到雄安只需要30分钟左右，北京到张家口只需约50分钟。未来，北京到天津将会有四条高速铁路，这对促进京津冀协同发展和支撑建设雄安国家级新区都具有重要意义。

俞渝：我也是高铁的客户，我有一个梦想，因为在当当网全国所有的分公司中，员工满意度和住宿条件最好的地方是武清，武清配置了大量的灰领公寓，它比在北京花一万、一万五租到的房子好多了。我的梦想就是武清能有大批的好房子，像我们当当网或者是联想、华为的员工可以通过轨道交通从武清直接到北京的西直门、东直门。现在我们的公司越办越大，员工住得离五环和六环越来越远，每天三四个小时在路上，从哪儿谈幸福呢？我想了半天，我觉得我能够想到的幸福就是：武清的灰领公寓做得再好一点，一片一片地盖起来，我们的采销人员、市场人员可以在武清住到很好的房子，然后采用有轨道交通这样方便的出行方式，四五十分钟就能到公司。我觉得在京津冀一体化发展过程中，通过交通协同发展，至少可以使天津和北京之间的就业环境尤其是高端人才的就业环境更有吸引力。

变局——中国企业迎战"黑天鹅"

硅谷成为硅谷的最主要原因就是它曾经好几十年基础设施价格很便宜,在那个绵延的道路上厂房便宜、实验室便宜、宿舍便宜,便宜就是错得起,大量公司可以在那儿创业,因为亏不了多少。最后大浪淘沙失败的永远是大多数,成功者则如苹果、谷歌、Facebook*、Twitter**等。

王勇: 物美现在在互联网上的布局和京津冀一体化战略有什么样的结合?

张文中: 我很早以前就找人请教过,做线上、线下的一体化,怎么用全面的数字化推动传统的供应链和传统的商业企业转型。

商业全面数字化有几大内容,第一个内容就是顾客的全面数字化,大家知道过去的传统零售企业,大家到这儿来买东西,可能是付现金,也可能刷信用卡,就算是你用移动支付,你也不知道卖给谁了。因为卖给谁了这个数据你是不掌握的。但是通过会员的全面数字化,这时候由于是用手机号来下载App(Application,手机软件),就很清楚这个商品卖给谁了。

正是基于这样一个特征,比如我们卖茅台酒,就是根据消费者在过去12个月的消费记录来确定这个消费者是不是真正的当地居民,如果是,那么就具备了买的资格以及买多少的资格。比如说什么情况下消费者能买一瓶,什么情况下能买两瓶,什么情况下能买三瓶。目前为止,总体上大家都反映这种方法是比较公平的。这样的话,厂家也知道了它的商品最终消费者是谁。

再反过来说一下,全面数字化之后,不只是卖这种高端的线下的贵重物品,便宜的商品也可以做到精确地销售,比如我们做促销卖鸡蛋,鸡蛋就很便宜,甚至是倒贴钱去卖。这时候怎么办?就完全可以用数字化的方法,向你真正的顾客提供,能够让需要这些真正很便宜的商品的顾客得到满足,所以这个数字化非常有价值。

多点通过过去5年的努力,发展很快。截至2020年6月,多点已经与100多个全国大型连锁企业达成合作,覆盖1.3万家实体店,拥有8500万会员,月度活跃用户1700万,排全国移动购物APP第7名,这是一个非常大的

---

* 中文译为"脸书"或"脸谱网",美国的一个社交网络服务网站。

** 中文译为"推特",美国一家社交网络及微博客服务的网站。

进步。最重要的，我想强调的是多点代表的全面数字化就是提高消费者的满意度，就是提高零售企业的效益，真正地实现线上、线下全面的一体化，包括顾客、商品、供应链、促销和价格以及整体的配套系统。这样就没有必要再去区分线上、线下的用户，对消费者是这样，对企业也是这样。

王勇：刚才张总介绍的是商业的全面数字化，在听他介绍的时候，也给了我一点启发，现在大家谈京津冀协同发展，都在谈怎么把路修得更多，让大家去北京更方便，少一点安检。刚才俞渝就觉得武清的小镇特别好，员工对那里的生活特别满意，就是交通还有待改进，还得坐高铁去天津或北京和她见面开会。现在我们5G时代来临，以后他们是不是就不用来北京见你开会了？在京津冀协同发展当中，数字化、5G等新型的基础设施是不是让大家以后就不用这么折腾？

俞渝：就算是有5G，哪怕是全息摄影的开会，也代替不了现场见面开会。比如说我们西安研发中心和我们咸阳的同人解决了60%、70%的问题，但还是有些问题解决不了。为什么呢？当面沟通的时候有表情、有语速、有镜头外的东西。沟通的时候，在镜头里看到的和与现场看到的深度和最后形成的结果是不一样的。

我的梦想不是武清小镇上那些幸福的当当员工能跑很远到天津跟我开会，而是希望北京的员工能住在武清小镇。20多年前我从国外回到北京创业的时候，北京还是个创业的好地方，无论是当时的新浪、搜狐还是我们当当网，比如说我们当当网公司就在东北二环安定门，我们的员工拿几千块钱工资还可以住得离公司很近。现在，公司越办越大，公司员工却住得离五环越来越远，北京能不能像20多年前我们创业的时候一样让愿意跟我们一起创业的同学们住在武清？我现在觉得北京的竞争力在下降，也许要靠天津来弥补。

5G，正在到来的新纪元

科技的现实应用将出现令人惊叹的突破，许多原先看似疯狂的想法逐渐变为现实，未来在它到来以前可能就已经被颠覆。我们所关注的5G领域，不仅蕴含着最先进的科技元素，更与人类的命运与福祉息息相关，预示着社会进步的下一个方向。了解它们所要解决的问题，将帮助我们更好地面对正在到来的未来新纪元。

在2019年亚布力论坛第十五届夏季高峰会上，Twitter大中华区总经理蓝伟纶、海特集团董事长李飚、ULTRAIN超脑信任计算联合创始人廖志宇、TOP Network联合创始人王阳就"5G新世界"进行了深入讨论，宽带资本董事长田溯宁担任主讲嘉宾，北京鑫根投资管理有限公司创始合伙人曾强主持了本场论坛。

曾强： 2019年是中华人民共和国成立70周年，回顾这70年，中国的高科技应该分前半场和后半场。前半场既没有市场，也没有技术。后半场就是改革开放之后，中国拥有了巨大的市场，却没拥有核心技术。现在，以华为为代表的中国公司崛起，打破了格局，中国既是世界上最大的市场，同时又拥有独立的技术。中美贸易摩擦实际上是在争夺世界科技的制高点，美国习惯把技术掌握在自己手里，当中国突然有了自己的技术和市场时，就产生了中美贸易摩擦。

在摩托罗拉时代，天津是中国最主要的移动中心。到智能手机时代，天津没有抓住机会，深圳成了智能手机的中心。

亚布力论坛如何探讨5G带来天津乃至中国科技界的"再解放"呢？我们请了六位不同背景的专家。第一位是田溯宁。田溯宁是中国互联网最早

的领军人物之一，是亚信的创始人，之后中国网通打破了中国电信时代的垄断，现在田总又是中国宽带资本的董事长。我们请田总做主旨演讲，分享一下他心目中的5G新世界。

田溯宁：27年前，我创办亚信的时候，中国只有几万个互联网用户，很难想象今天中国会有全世界最大的互联网公司。27年前，中国几乎所有的通信技术都是引进的，也很难想象今天以华为为代表的中国通信企业被美国视为最重要的竞争对手。差不多20年前我们就谈到了物联网，但是想早了和晚了往往都不行，5G确实是应运而生的。

5G就是企业互联网化的开始。每个汽车、每个电灯泡甚至每头猪将来都要联网，万物互联。移动互联网深刻地影响着我们的生活，比如移动订车、移动订餐、移动支付等。可移动互联网带来的方便并没有在企业里内部做到，到酒店还是要花很长时间办理入住；厂家生产完矿泉水、鞋、眼镜之后就与用户失去了联系。5G不同，它有大量不同形式的传感器，耗能非常低，大量的物理设备、产品都能跟一个网络相连，每个生产公司都能知道自己的产品谁在用、用了多久，什么时候应该开发下一代应用。

这是怎么实现的？5G有一个很重要的关键词，叫"切片网络"，能把一张电信网切片成非常多的子网或者说切片网络，以满足不同应用、不同企业的需求。目前，所有人用的3G、4G都是一张网，价格、质量都差不多。能不能做一张网络，不需要那么高的带宽，但是有高覆盖、高穿透、低功耗的特性？

很多人顾虑切片会出问题，曾经有人说全世界10台计算机就够了，但是乔布斯提出，为什么每个人不能有自己的计算机？内存定义了手机的计算能力，但是定义不了每个人的带宽应该怎么样。今天中国是三大运营商，每个企业为什么不能有一个自己的运营商？我认为，未来会出现非常多的行业运营商。

目前，企业计算系统基本上是在Oracle的架构里，Oracle系统有100多套子系统，但非常荒谬的是，员工离职了人力资源系统才知道，钱花光了ERP系统（Enterprise Resource Planning，企业资源计划）才能告诉你花在什么地方。5G会从根本上改变企业的计算架构，它能连接员工、客户、产品，让企业能实时感知，我称之为企业架构2.0。比如，我到酒店的时候，前台系统能不能马上计算出我在这里住过多长时间、我对房间的偏好，我快到电梯口时，电梯能不能马上降下来并知道我要去几层？很多技

术都可以实现，为什么酒店系统做不到？因为它背后的数据库、IT架构不是为了这个而设计的。

为什么一个投资机构走了一个合伙人，投资回报率马上下降？因为你的知识不能被记录，不能被结构化，不能被感知，更不能被预知。我认为，企业必须要有智商，有感知和预知的能力，否则活不长。5G的核心是让每个企业有大脑。未来，企业不会用5G就像工业革命时代不会用电。前一段时间，我在硅谷跟李飞飞交流，她说从进化论来看，寒武纪是物种大爆发的时代，出现了有基本的神经系统和视觉能力的三叶虫。一旦有神经系统和视觉能力，就能反馈，进化就开始了。5G的特性就是让每一个企业具备神经系统。

我们应该认识到，5G不是3G、4G的演化，而是一场底层技术的革命，它的设想是万物连接、万物协同、万物赋能。在这样的变革中，传统的通信技术、信息技术和运营技术都会被融合化、被软件化。

软件在定义整个世界，而企业安全是完成变革的核心。中国企业、中国创新会有重大机会。几个月前，台积电被病毒入侵，全球的半导体产业链都受到影响。这充分说明，技术会推动未来诞生非常多伟大的创新和企业，同时，我们也进入了更加不确定的时代，网络安全越来越重要。5G时代，企业安全会成为基础设施，没有安全就没有5G。

我们对未来越有信心，就会对现在越有耐心。5G要完成技术变革可能还需要5~7年，现在是投资中国下一代企业家、下一个乔布斯和比尔·盖茨的好时候，投资人要耐心陪伴企业成长，创业者也要非常耐心地把企业做好。亚信公司现在有近14000人，主要生产5G核心系统的软件，提供5G安全整体解决方案。我希望再过3~5年，我们能够在5G的产业链上建立起以中国为主导的下一代企业架构。

曾强：刚才田溯宁展示了一个特别具有前瞻性的图画。李飚也是中国改革开放的创新型人物，他做产业，也做产业基金。请李飚来分享一下他心目中的5G新世界是什么样的画面。

李飚：我是1989年下海的，在还没《公司法》的时候就建立了海特集团。2015年，由于要解决射频微波、毫米波技术中的一个核心难题，就踏

变局——中国企业迎战"黑天鹅"

入了5G产业。5G是在商用过程中被大家熟知的，但是这个概念早就在卫星通信、高端设备通信上运用了，美国军方6G的频段早就开放了。海特在5G领域早就有探索，但当年主要是为了解决移动通信的技术瓶颈，没有把它商业化。

在我眼里，5G首先是在搭建一条前所未有的、超宽的高速公路。高速公路宽了以后，跑的东西就会很多，大型数据就能够传输。5G是到了一个基点，当核心计算部分、处理器部分解决了，传输问题解决了，人类神经系统的一些感知和行动就有可能被机器所取代。在4G时代需要100毫秒的反应，5G时代可能1毫秒就解决了，而最优秀、最健康的人，一些反应也是在10毫秒以上。

这个基点带来了很多技术和应用场景，可以在各个深层次领域进行应用。但是我们国家要搞好5G，首先要解决深层次的、核心的元器件问题，没有这些而谈后面的应用，只是在别人的楼里装修了自己的房间而已。

曾强： 下面请Twitter大中国区董事总经理蓝伟纶从Twitter的视角、从国际的视角谈谈5G新世界。

蓝伟纶： 在中国人发明纸之后的两千年里，人类的沟通方式都是不变的，就是用文字、书信。《人类简史》里说，19世纪路透社做投资股市分析时还用飞鸽传书。20世纪，人类发明了电话，沟通方式从文字变成语音。固定电话在全世界的市场份额达到75%花了81年，手机达到这一份额花了28年，智能手机花了13年。如何解决人类沟通困难？网速要更快，屏的可携性够高，能够反映人类真实的沟通过程。我觉得5G有机会打破人类在真实沟通和通过媒介沟通之间的壁垒。

过去几年我们帮助了许多中国品牌出海，一开始最大的挑战不是中国品牌的硬件质量不好、价钱不好，而是在海外的美誉度、信赖度不够。即使到2019年，我们还能在很多方面帮助中国品牌进一步改善。中国有这么好的硬件开发能力,可以用5G技术把中国品牌的故事说好、说对。

在营销角度来看,数字媒体能够进行追踪,你花的钱能够看到回报率、转化率、下载量、销售量等,而目前绝大部分品牌的渠道还很难做到。未来,5G硬件和软件生态系统转变之后,整个营销场景有可能做具体数据追踪,这是非常值得兴奋的事。

刚刚提到人脸识别和各种场景的概念,未来3~5年内广告牌可以做到千人千面,你走在路上,屏幕可以针对你的喜好量身定制服务,可能手指一画就放到购物车里了回家再做决定。

中国是全球最大的内销市场,但我们还希望看到中国品牌往外走,更开放。海外市场是非常值得耕耘的。5G是具有革命性的趋势,中国品牌务必要把握这个契机。

曾强: 廖志宇是非常年轻的投行创始人,能不能分享一下您创建的区块链科技公司?从区块链角度来看,未来是一个什么样的世界,它和5G有什么关系?

廖志宇: 我本科是学理工的,硕士读了MBA(Master of Business Administration,工商管理硕士),然后又去哥伦比亚大学读书。在研究技术的过程中,我有幸在百度工作了一段时间,了解到互联网对商业模式的巨大创新和贡献。在我看来,互联网也是中国人创业的机会。当时我就立下决心,未来一定做科技创业的事情。

我先在美国做跨境并购,后来有幸到欧洲,在德国一家非常大的精品投行做中国区总裁。我发现了一个很有意思的现象。美国是非常资本化的国家,虽然硅谷有创新,但是企业的资本运作比较充分;欧洲有很好的制造业,但是数字化进程和国民接受数字化应用的门槛非常高;在中国,不管学历多高、年龄

多大的人，对新型应用模式的接受程度非常高。

2015年，在IOT（Internet of Things，物联网）、"互联网+"和工业4.0的发展契机下，我被周鸿祎挖到360负责整个IOT业务，之前我跟做新型计算和新型物联网的企业和投资人交流非常多，自己也去硅谷做了很多沟通。我觉得，未来全世界需要更智能、更个性化、更好的底层技术来服务上层客户。传统品牌和传统企业的数字化进程，还有非常长的路要走。如果他们稍微用一些智能化工具，其实可以明显提升企业效率、创造新的收入。

2017年年底，蚂蚁金服区块链团队的技术负责人到北京找到我，给我描绘了区块链作为新型技术底层的愿景，介绍区块链技术能够实现的新功能和给社会带来的新可能。

当时我做了很多研究，发现区块链技术本身确实是非常有意思的新型计算方式。就像超脑信任计算，可以说是一种新型的共享经济，因为底层计算网络不是中心化部署的，而是通过新型技术和新型经济激励，把分散在全世界的机器都整合起来，提供算力和计算资源，可以理解成是一个云计算的滤镜。在这个之上，我们又做了新型的操作系统，在区块链时代叫作智能合约，通过新型的操作系统让企业去开发和编辑具有区块链性质的应用空间。

我们公司做底层的基础设施，可以赋能各种各样的商业场景、商家，也可以赋能个人开发者，他们可以基于新型的操作系统再做开发。我们发展了一年多，现在公司有50个人，其中40个是开发人员，大部分都来自阿里以及原来中兴、华为的底层通信团队。虽然我们是中国的团队，但是我们在国际上有巨大的竞争优势。我们公链的技术和操作系统是全世界最领先的、落地最快的。

任何新型技术都需要解决真实的问题，需要解决刚需和真正的痛点，并且它可能会有高频的接触，证明它是真实的需求。在我看来，区块链技术这个词有的时候比较敏感，所以我们叫信任计算。但我们是一群踏踏实实做事情的人，我看过很多AI和IOT方面的技术，我觉得区块链可以给企业解决更实际的问题，比其他技术应用落地更快。我们跟很多商家交流，我们是建立新型的用户体系、用户信息和用户之间的关系。

所以说，数据和未来的结算等天生是落在底层的基础设施之上的。我们给商家提供的是一种新型的SaaS（Software-as-a-Service，软件即服务，即通过网络提供软件服务）或者CRM（Customer Relationship Management，客户关系管理）系统，可以一站式地解决刚才田总说的很多问题。

曾强：我昨天碰到王阳，我记得上次见面是在纽约，当时他在世界最大的保险公司下面的一个公司。昨天他跟我说，他也去了区块链行业。请王阳分享一下，您为什么离开那么大的保险公司和那么高的位置，投身一个具有那么大风险又充满争议的区块链行业？

王阳：我在各种机构待过，在体制内做过科长，在外企也工作过，在美国做过跨境并购；在纽约待过，在天津待过，后来又到了硅谷。我是地地道道的天津人，只不过后来去了耶鲁读书，一直留在美国。我从纽约到硅谷的过程很自然，纽约是一个大都会，那里的机构提供了更多的打工机会，那里的人想得更多的是如何在一家机构发展得更好。到了硅谷，我发现了另外一片天地，大家都在想如何能够创造更多价值、改变这个世界，所以创业是自然而然的。

我们公司也是一家区块链公司，很多人不理解到底什么是区块链。我先用非常简洁的话告诉大家什么是区块链，我们是做什么的。我们公司是做整个生态的，最底层是公链，比如我们修了一条高速公路，上面有不同的车道，我们又开辟了一条通信车道。高速公路有了，车道也有了，上面得跑车，我们又做了各种各样去中心化的通信软件。

为什么我想进入区块链行业？一是我觉得这个行业未来可以根本性地改变世界，而且可以跟5G有很好的互补。提到5G，大家想到的优点是什么？是快，对吧？它提供了一条信息高速公路，延迟短、处理信息量大。5G不能做到什么，没有改变什么，它的隐私性、知识产权保护性和信任度没有任何改善，永远只是在提高速度。

区块链最大的用途就是用点对点的分布式记账，保证用户信息不被篡改，保证它的可信赖度，保护知识产权。5G能保证数据以最快的速度上链，这是很好的结合。生活中，我们可能也会想，速度和隐私哪个更重要。5G加上区块链就解决了这个问题：既能保证速度，又能保护隐私，何乐而不为？

这就是我们选择在通信行业创业的原因，我们选择这个方向，是聪明人用笨办法。聪明是因为选择了一个正确的方向。笨方法就是在正确的方向上慢慢耕耘，企业慢慢就被做起来了。只要顺着正确的方向走，相信未来让人充满想象。

我们现在这个公司叫 TOP Network，总部在硅谷，在杭州和南京都有两个办公室，一共有150个员工，其中100人是工程师。目前我们没有中国的用户，但是我们在全球范围内已经覆盖了6000万用户，也有中国人到海外去，变成了我们的海外用户。我相信这是未来的一个方向，而且通信是连接这个世界最好的方式。

【互动环节】

曾强：咱们的论坛进入第三个环节，请在座的听众提问。

提问：请问中国的5G还面临哪些重大挑战？

田溯宁：我觉得5G目前主要面临的问题就是很多元器件被禁运，像X86等芯片技术基本都是在美国手里，如果英特尔不供货，那对整个5G产业来说是一个挑战。再比如安卓系统对华为的禁运，实际上除此之外后台还有很多攻击型的软件。但是我觉得中国的市场已经足够大，中国的企业家、投资者在过去的一段时间里已经做了足够的创新和投资，企业家的质量也在不断提高。最关键的因素，今天无论是芯片也好，数据库、软件架构也好，不是为5G准备的。

5G是一个机会，能让中国从芯片、中间件、操作系统中重新建立起独特的、为万物连接的IT架构。为什么安卓、IOS（苹果公司开发的移动操作系统）出来之后，Windows（Microsoft Windows，美国微软公司研发的一套操作系统）在移动通信方面没有做好？因为Windows的架构不是为移动通信做的，就像英特尔的芯片不是为移动做的。那么什么将是万物互联时代的安卓？而且5G这个产业链更复杂，可能在材料方面需要发生很大变化。短期内可能比较痛苦，长期来说正是给了中国企业界、投资界重大创新的机会，这时候战略耐心和定力非常重要。

曾强： 我想请在座的嘉宾想象一下5G在未来的应用场景，你们举一个我们今天所没有经历的场景。

王阳： 我觉得很多服务性岗位会完全消失，会被信息技术和5G的技术所代替，比如司机、服务员、厨师等。

廖志宇： 5G和区块链是特别完美的结合，当万物互联和万物智能的时候，我想象的场景就是智能合约，比如说你在小区里可以发一个任务，旁边的人可以去认领。很多技术都是在改变供应链中间的整合，5G加区块链可以通过众筹或者其他方式把我的东西卖给所有喜欢的人。

蓝伟纶： 我可以想象的场景应该是各种媒介的聚合。还有，大家说了很多技术基础设施，但是软实力还是很重要的。比如，体育、娱乐、音乐、电影、游戏等在全球经济中占比也非常大，希望中国除了要搞好硬实力外，在5G时代也能够发展好全球的软实力。

李飚： 我5年以前就在做5G技术，对它有不同的理解。5G是颠覆现在生活秩序和改变社会运行的重要技术，未来5~10年就会看到，你身边的一切生活方式都随之而改变。核心是要抓住牛鼻子，大家都在谈应用，但如果连技术的边界都没有搞清楚的话，技术跟企业、产业运营当中的搭建就容易出现偏差。

田溯宁： 我现在不是在想象，而是在实验，如果5G网络在全球实现，全球的劳动力会重新分布，可能将来一个工厂里工作的全是机器人，但控制机器人的人类在另外一个国家。全球的劳力分工、税收制度都会因此而改变。

曾强： 站在世界和历史角度去看，我们今天正处在几大颠覆时代的共振期。

变局——中国企业迎战"黑天鹅"

第一个共振是人类从地权、空权、海权、币权、网权到今天的智权，共发生了六次大革命。成吉思汗用指南针等颠覆性技术变为地权主宰者，南欧凭借海上技术成为地中海时代的海权霸主，蒸汽机的发明使得英国和美国掌握空权，"二战"之后美国又掌握了世界的币权和网权。当前，世界正在发生第六次革命，就是智权的争夺。

第二个共振是"二战"所形成的三大体系——联合国（政治体系）、WTO（贸易体系）和以美元定价的系统（金融体系）都在发生颠覆性变化，虚拟货币和虚拟设计正在摧毁"二战"以来的世界金融系统。

第三个共振是以中美贸易摩擦为表象、以中美科技竞争为实质、以争夺未来科技制高点的国家战略为支撑的"战争"已经开始。

第四个共振是中国经济出现了比较艰难的转型升级期，又赶上中美在5G上的"短兵相接"。3G的时候，中国比世界晚了8年；4G的时候，中国比世界晚了4年；5G时代，中国已经成为第一方阵中最主要的Player之一，既有巨大的市场，又有原发性技术，将是未来该领域世界制高点的争夺者之一。

在几大共振之机，我们回想一下2000年的互联网泡沫危机和2008年的金融危机。无论是Twitter还是Facebook，都是在两次危机之后产生的伟大公司。我们相信中国走出危机之后，一定会产生世界级的Facebook和世界级的Twitter。

5G创新永远在路上

文 邬贺铨 中国工程院院士

从性能上看，5G的峰值速率是4G的30倍；用户体验数据率是4G的10倍；频谱效率是4G的3倍；移动性也提升了，能支持500公里时速的高铁；无线接口延时与4G相比减少了90%；连接密度是4G的10倍，能做到一平方千米100万个传感器联网；能效和流量密度都是4G的100倍。总之5G与4G相比，在多数性能上有1~2个数量级的提升。

另外，5G会触动边缘计算。企业光有云计算是不够的，尽管空口的延时降下来了，如果地面的传输时延很长，也没法实时响应，而工业上要求快速响应，包括VR/AR（Augmented Reality，增强现实）、远程医疗等，所以我们要把云做成边缘云。

据IDC（International Data Corporation，国际数据公司）预测，未来将有超过50%的数据在边缘侧处理，2020年边缘计算支出可能占物联网基础设施总支出的18%，成本仅为单独使用中心云计算的39%。所以这也是未来企业发展的一个很重要的内容，因为只有靠近生产现场才能实现快速的响应。

第一，数字产业化或产业数字化。产业数字化首先要让工厂的生产装备联网、生产仪表联网，而对新企业而言，用光纤联网是比较合算的。可能老企业光纤很难布上去，而且企业里面的机器人、物联网小车等工件都是移动的，没办法用一根电缆连接，所以必须用无线联网。而现有的技术无法支撑联网，因为工业中的干扰比较多——Wi-Fi（无线局域网）因稳定性、扩展性、低速率等问题使得其在工业领域利用率仅为4%。

5G本身是专门为工业联网设计的，企业可以单独建一个5G的专用网，现在一般需要有专用的频率，也可以用运营商的无线系统，运营商甚至还可以把企业内部的网络管理部分也加上去。

现在有很多企业也希望往这个方向做。传统的公共应用移动网采用时分双工的模式，一般是下行的带宽比较宽，回传的带宽比较小，而工厂的物联网是相反的，所以工厂最好还是有一个专用网络，这样更安全。目前，欧洲已经规划了给工厂专用的5G网络分配频率。

第二，5G会为视频带来更多保障。现在8K高清电视接入码率有100多兆，但4G根本无法支撑，而虚拟现实/增强现实甚至要一个G，这只有5G才能做得到。比如冬奥会，只有在我们的头盔、雪橇上装上5G的终端，安上传感器，才能更好地让观众感受到高山滑雪的速度、高度和难度。5G的大带宽可以支持多个摄像头同时流畅工作，这样一来，观众不用切换场面就能得到全景的多视角。

第三，5G给VR/AR带来了很多应用。比如VR，人可以利用手势来更换衣服。VR/AR还有利于培养工人、外科医生，比如传统地培养一名可上手术台的外科医生一般需要10年以上，而使用VR/AR技术可能会使这种培养更为轻松。

第四，车联网也是5G很重要的应用，也可以说5G为车联网而生。5G可以实现车到车、车到红绿灯、车到停车场的通信。车联网是需要实时快速响应的，而5G+边缘计算的延时只有1毫秒，这是车载雷达无法做到的，只有5G才能让自动驾驶真正得以实现。

车联网的广泛应用便会带动汽车电子的发展，同时带动与车联网有关的服务。据麦肯锡预计，2030年汽车共享、互联服务等衍生的全新商业模式将使汽车行业收入增加1.5万亿美元。

5G本身低时延、高可靠、高宽带及大连接的特点让它可以很好地适应各个行业的应用，实际上它是一种通用的技术，所以"5G+"的应用也非常广泛。

首先是5G+工业互联网。此前工信部在中国商飞集团开了一个"5G+工业互联网应用现场会"，商飞成为全球第一个5G+工业互联网的工业园区，它在22个生产环节中都使用了这个技术。

比如飞机是一节一节装配的，飞机肚子里有很多电缆，过去是一个工人拿着一张图纸非常小心地操作，旁边还站着一个工人监督才不会连错。现在商飞给装配工人配上5G+VR+高清的头盔，机器看见哪根电缆会告诉工人连哪根，大大提高了效率，而且避免了差错。

再比如贴飞机的复合材料只需要10分钟时间，可是检测复合材料有没有贴好却需耗费50分钟，现在用5G+摄像头直接连接后台的云计算、大数据和人工智能进行分析，只需要2分钟就能搞定，效率提升了上百倍。

现在很多公司使用机器替代人工，5G+8K+移动边缘计算可以使机器人的反应更灵敏。之前，我们企业买一个机器人可能还要自己开发程序，而现在，只要把5G的视频装在机器人手臂上，视频里的手怎么动，机器就跟着怎么动，一段时间后，程序会自动生成。

此外，5G在机器人身上的更多应用不完全在机器的表达方式上，而是在机器视觉。全国目前在生产线上靠眼睛来检测产品的工人有350万人，这350万人都靠眼睛来测试产品质量实际上也是会疲劳的，很容易产生误差。

而现在很多公司已经开始使用机器视觉，比如清华和英业达合作检测印刷版、腾讯和惠州的华星光电合作检测液晶面板的质量。也就是说，所有质量检测环节都可以用机器人来替代。

目前，工业上出现了数字双胞胎的技术，通过实物戴上5G、戴上传感器，可以在网上搜集到实际运行状况的正常数据，一旦发生异常，马上就能在网上发现，通过远端进行更正；远端更正不了的可以派人进行远端维护，还可以做预防性维护。美国GE公司已经将这个技术用于风力发电管理，GE公司有很多风电厂，总部就建立了这样的数字双胞胎实验室，效果很好。IDC预测，到2020年，全世界2000强企业中，30%都会用到数字双胞胎的技术，这项技术能够提升企业25%的收益。

其次是5G+农业。比如苹果开花只有一星期时间，利用无人机加上5G的视频摄像头，可以精准地测出每一棵苹果树上有多少朵花，也可以计算出几个月之后有多少个苹果产出，这样有利于实现期货的销售。

5G对经济增长有显著的推动作用。高通公司曾经委托HIS咨询公司做过一个咨询报告，报告指出，5G在2035年会给全球经济带来4.6%的经济产量增加，对应的具体金额是12.3万亿美元。工信部估计，5G技术80%会用在工业互联网领域。

再对应GDP，到2035年，5G会带动全球GDP增加约7%，对中国来讲，增加的GDP数值会接近一万亿美元，中国也会新增将近一千万个就业岗位。总之，5G对经济增长的影响会非常大。

大数据、人工智能、云计算和物联网支撑了5G的技术创新，5G代表着新一代技术的进步，是当代高新技术的制高点；5G为经济治理、社会发展、民生服务提供了新动能，催生了新业态，成为数字经济的新引擎；5G的出现，对中国的科技和经济发展来说都是难得的机遇，而围绕5G技术和产业的国际竞争，对我们而言也是严峻的挑战。5G的创新永远在路上。

拼多多为什么能崛起

文 达 达　拼多多联合创始人

在新时代里，全球经济融合持续加速，行业之间的协同发展成为推动经济发展的一个因素。

消费互联网和产业互联网的深度融合将持续推动各行业的深度发展。作为一个电商平台，拼多多现在已经不是简简单单地买货、卖货，也不仅仅只是平台服务，它将作为一个连接器，连接农业、制造业、工业、金融业，同时连接消费者端，以更高的效率为消费者提供更好的服务和商品，从而推动行业的发展。

我们认为我们是一个新电商，在全新的电商里，我们秉承的是更普惠、更有温度、更开放的理念和态度。现今移动互联网已经承载了超过10亿的中国消费者，同时在商品、服务等各方面形成了一个巨大的生态，在这个巨大的生态里，每天产生数以百亿、千亿级的需求，从而又诞生出了很多新的需求。如何将这些需求沉淀为有效的数据，并将这些数据非常简单和直观地传达给农业、制造业、金融业等各个行业，推动这些行业以更高的效率给消费者提供更好的产品和服务，是拼多多一直在做的事情。

拼多多在成立不到5年的时间里，已经汇聚了近6.3亿活跃用户，在平台上的卖家超过360万。2018年，我们一共发出了111亿笔订单，也就是说，每5个在路上的包裹里有1个是拼多多的包裹。我们希望能够重构生产和流通，同时将真正的价值传递给消费者和劳动者。

我举两个例子。第一，我从农业和制造业的角度简单讲一下拼多多这

两年的发展。拼多多前身是拼好货，以农产品起家，农业是拼多多的起家之本，也是未来发展的战略核心。

截至2018年年底，中国有2.3亿农户，这2.3亿农户在移动互联网端连接了10亿消费者。其实农业是一个互联网化程度和数字化程度相当低的行业，农产品的流通还是以线下渠道为主，通过商贩、批发市场到零售终端再到消费者。相比其他行业，农业与消费者之间有一张相当复杂、效率非常低的供需网络。按照当前的流通，农产品从田间地头到消费者手中需要经历6~8个环节，流通时间非常长，其中产生了巨大的浪费，这些浪费全都反馈到了消费者手中。最终的结果就是大家在新闻里看到的，一方面农产品待在田间地头卖不出去，另一方面农产品在消费者手里的价格往往是田间地头价格的5倍甚至10倍。

首先，拼多多"拼"的模式能够把农产品长期零碎的需求聚集成短时间内的海量需求，迅速扩大。农产品的特点是季节性非常强，而且初级农产品特别容易烂，我们在前端聚集了消费者海量的需求，短时间内反馈到田间地头，迅速消化大批量的当季农产品。随着这个模式的进化，我们进一步整合供需两端的信息，在农产品的成熟周期内精准匹配消费者需求。

崛起新秀

拼多多是怎么做的呢？我们采用"山村直连小区"的模式，我们构建了两张网——天网、地网。地网是以新农人为节点，通过懂电商、有文化的新农人构建出整张地网网络。天网是通过拼多多的技术人员建立了一张"农货中央处理系统"。大产区产品什么时候成熟、什么时候摘果，前端订单信息是怎样的，在系统中都能呈现出来，让消费者对农产品的口碑、服务以及在路上的每一个包裹运送的情况都了如指掌，从而实现前端和农场区的精准匹配。在天网和地网的构架下，截至2018年底，拼多多农副产品订单金额达653亿元，带动了6.2万亿新农人返乡，并且让农民成为产业链的利益主体。

在接下来的几年，我们会结合"多多果园"这种新型的营销形式，将营销、游戏、农产区、助农、扶贫结合在一起，构建一个全新的前端，以更好地满足用户的需求。

在供应链端，我们希望把新农人变成农产区一条一条稳定的供应链，扎根在农产区，解决流通问题。同时我们也将跟各大农业院校、科研所合作，从育种到种植，再到收割，结合整个产业链将更好的商品提供给消费者。

农业给拼多多提供了坚持发展的基础。

在制造业方面，拼多多基于C2M（Customer-to-Manufacturer，用户直连制造）的模式，通过精准匹配需求侧用户的需求，推动了供给侧改革，将平价、高质量商品提供给广大消费者。我们建立了"新品牌"计划，进一步挖掘了新电商的潜力，其中主要的工厂都是一些外贸或品牌代工厂，他们有强大的设计、材料和加工制造的能力，但他们缺乏营销和行销的能力。我们首先将前端6亿多消费者的海量需求通过数据反馈给这些"新品牌"计划的工厂，他们通过掌握用户需求，制造出适销对路、符合用户需求、平价且高质量的商品给消费者。

在前端，拼多多帮助这些代工厂进行营销。我们通过千人千面的匹配，将这些高质量的商品匹配给这些消费者。在行销通路方面，拼多多给予了大量资源，使这些产品被尽快送到消费者手中。

从2019年1月至8月，拼多多共推出1200余款定制化的产品，累计订单超过5700万单。

在"协同·融合·共赢"的新时代背景下。作为底层服务商,我们将帮助农业、制造业匹配更新的技术包括5G、物联网、人工智能等,当然也包括拼多多的人货匹配的分布式AI新技术,希望各个行业供应链环节信息的获取和交互能够获得更高的效率,给行业带来更多变化。新时代的中国企业正砥砺前行,拼多多也将牢记使命,沿着更普惠、更有温度和更开放的方向,不断迭代升级。

文旅地产该怎么玩

在文化、旅游、生活方式日益融合，地产行业从增量开发时代进入存量资产管理时代的当下，"文旅地产"正成为一个既有噱头又有看头的概念。文旅地产究竟是新风口还是伪需求？文旅IP（Intellectual Property，知识产权）与地产运营如何才能顺利结合？有哪些操作方式？未来还有哪些挑战和机遇？建业地产与华谊兄弟的结合，或许能为我们提供一个可资借鉴的模式，以探寻中国房地产市场的未来发展方向。

在2019年亚布力论坛第十五届夏季高峰会上，亚布力论坛2018—2019年度轮值主席、建业集团董事长胡葆森与华谊兄弟传媒股份有限公司创始人、董事长王中军围绕"文旅地产怎么玩"这一话题进行对话。亚布力论坛特邀主持人、前一点资讯CEO、凤凰网总裁李亚主持了本场对话。

李亚：请两位嘉宾分享一下建业·华谊兄弟电影小镇的特色，尤其是它与以前的电影主题文旅项目的不同之处。

胡葆森：房地产行业已经有了近30年的市场化历史，业内有一种说法认为地产行业前20年是上半场，大概从四五年前开始就进入了下半场。这也没错。

从1998年开始停止福利分房，于是国家出台了一项很重要的新政策——为了刺激消费，中国人民银行要求各大商业银行支持老百姓用按揭的方式去买房。

1998年之后，中国房地产行业快速发展，到2018年已经达到十几万亿

元的规模,应该说房地产已经成为中国产业结构里规模最大的产业之一。这种快速周转和中国的城镇化发展也有关系,在过去的20多年间,如果中国每年增长1个百分点的人口,折算下来就是1400万人。我一直守在河南,就河南来说,到2018年年末,总人口就达到了10906万人。过去的20年,河南每年城镇化率基本提升1.5个百分点,也就是说,一个河南省每年就有100多万人进城。过去的快速周转基本上以城镇化为背景来实现,但目前,城镇化进程逐渐接近尾声,全国城镇化率2018年已经达到60%左右,河南也接近52%,从发达国家走过的城镇化道路来看,当城镇化率达到70%左右时,增长速度就会放缓,一旦达到75%,也就接近饱和了。

实际上目前中国的城镇化增幅已经放缓,在这种背景下,很多地产企业开始围绕着存量的资产做转型,文化、旅游、商业,当然也包括酒店、物流、工业厂房、写字楼、公寓等,这些不同的产品形态规模在过去的四五年间不断扩大。

文化和旅游通常是一对孪生姐妹,文化跟旅游有关,做旅游时也离不开地产。王总是中国电影产业里的"大哥大",每年所生产的电影、电视剧在中国一直都是名列前茅,所以与王总合作,我们是傍了一个文化的大款。

崛起新秀

但是文旅这一块怎么做呢？虽然有点偶然因素，但其实后来想想也是一种必然。如果你想转向文化和旅游行业，那么就必然要和文化、旅游行业中做内容的优势企业合作，我跟王总是20多年的好朋友，在这方面一拍即合。王总也需要跟地产企业，特别是有房地产开发经验和大片土地的地产企业合作，所以我们俩一拍即合。

虽然王总已经做了好几个类似的电影小镇，但也不是拷贝过来就行，每一个都需要创造、都需要创新。经过约3年的艰苦探索，2019年9月，我们在郑州和开封两个城市中间打造的建业·华谊兄弟电影小镇已经开业，这个项目实际上就是地产企业围绕着存量地产开始做转型的案例，是建业在文化、旅游业上的最大项目，投资也是最大的，我很期待。

王中军： 为什么像华谊这样的内容公司开始做旅游？我觉得这是随着国家、社会和企业规模的变化，企业找到的自身发展的另一个突破点。谁敢先想，谁敢走出第一步，谁就夺得了先机。中国从电影IP转向旅游小镇的企业中，目前还只有华谊一家是真正开业的。

华谊提出做电影主题公园、电影小镇已经是9年前的事了，但操作起来并不如想象中那么简单，就像迪士尼大概用了几十年的时间做迪士尼主题乐园，但在全世界也没有多少家。我现在已经努力了9年，开业了3家，郑州建业·华谊兄弟电影小镇是第4家。

第一家在海口。华谊前些年在海南拍过《非诚勿扰》，给海南旅游带来了很大的收入。于是，海南政府主动和华谊谈，问我们能不能做和电影相关的产业。于是，我们就到处考察，最后做了"冯小刚电影公社"，电影《芳华》就是在那里取的景。我们还有一个尚未开业的"济南电影小镇"，我们有一部大型电视剧《古董局中局3》马上要在那里开拍。

我们在苏州的项目里设有《集结号》区、《狄仁杰》区、《非诚勿扰》区，这都是在学习迪士尼和华纳的模式，只是我们用了自己电影的知识产权。

中国还有一个旅游习惯，好像不管是南方还是北方，都是节假日旅游的人特别多，而平时没什么人。这也是未来我们需要解决的问题——如何增加流量。就像"建业·华谊兄弟电影小镇"，我认为最大的挑战不是把它建起来，而是怎样去运营、如何增强游客与文化的互动。

再说文化旅游，我觉得艺术是一个城市非常大的文化核心和亮点。纽约有MOMA，巴黎有奥赛、橘园，英国有泰特，相较而言，中国的大城市还是缺乏具有亮点的艺术类的核心区域，这可能也是一个机会。

一年半前，我们在北京做了松美术馆，效果非常好，已经成为年轻人到北京必去的地方。我觉得很有意思，所以，我计划把松美术馆的模式复制到不同城市去，现在成都、沈阳都已经开始推进了。

为什么建业集团要和华谊合作在河南建电影小镇呢？主要还是胡葆森董事长觉得华谊原来拍的这些电影对未来小镇的建设有拉动作用。因此，地产公司跟文化内容公司的合作是一个自然而然的事情。我跟胡总是多年的朋友，我们也是在一次旅行中谈到了这件事情，晚上喝了一杯酒，回来之后双方就开始准备合同，商业模式极为简单。

李亚：请胡总为我们介绍一下即将开业的两条小街的主题。另外与我们分享一下中原文化小镇的理念和探索。

胡葆森：这个电影小镇的两条主题街区分别是"太极街"和"民国街"。华谊拍过一个很知名的电影《太极》，恰好太极的故里就在河南焦

作温县的陈家沟，所以河南也是太极的故乡。而另一条街"民国街"的设置是因为王总拍过很多与中国历史相关题材的电影，再加上他在军队大院长大，自己又当过兵，所以对军事题材比较感兴趣。综合一下，我们的"民国街"就是围绕电影《一九四二》里民国时期的老郑州复原的一条街。

结合当地的文化资源和消费者的文化偏好，我们规划了这两条主题街区。因为每个人对自己熟悉的文化和历史会更感兴趣，所以我们选择的这两条街都和河南有关系。河南有近1亿人口，哪怕是其中1%的人口也有近100万人，因此我们不缺少游客，但是需要围绕游客的兴趣来做文章。

这几年我们还做了一些其他题材的小镇，比如我的家乡，也就是中原油田冀鲁豫三省交界处的濮阳——濮阳东北庄是中国的两个杂技之乡之一。围绕杂技，我们做了一个濮阳东北庄杂技小镇。另外，我们准备在洛阳做一个牡丹小镇。因为建业做足球做了26年，所以我们又在郑州做了一个足球小镇。

将电影小镇、足球小镇、杂技小镇、牡丹小镇组成一个小镇系列之后，我们发现它们都与中原文化有关，所以我们将之升华为一个中原文化小镇系列，也就是中原文化小镇-郑州华谊兄弟电影小镇、中原文化小镇-濮阳东北庄杂技小镇。众所周知，一部河南史相当于半部中国史，长达三千年。我国有八大古都，河南就占了四个：洛阳、开封、郑州、安阳。而另外四大古都西安、南京、北京、杭州——它们过去三千年的都城历史都是断代史，只有河南三千年的文明史没有断代，所以这个地方有挖掘不尽的文化宝藏。我们将中原文化作为一个大题材，再结合各地文化的特殊资源做一些具有当地特色的文化小镇。

做文化小镇既考验投资能力，又需要非常好的运营能力，所以不能一哄而起，必须把每个小镇都做成精品，它才有存续价值。目前，围绕中原文化题材，我们在不断寻找适合的城市。比如周口，它是一个人口大市，同时周口鹿邑还是老子的故里，所以我们正在准备复建老子当时所在的冥昭城，做一个老子文化小镇。经过了40多年的改革开放，中国社会已进入中等收入阶段，人们衣食住行等基本物质消费已经得到满足，我们想通过挖掘这些文化题材，满足人们日益增长的精神层面的文化消费需求。

现在我们和发达国家的文化消费水平比较来看，无论是总额还是消费中的比例，中国未来还有几倍、几十倍的提升空间，而人们的文化消费需求现在才刚刚开始。所以现在围绕文化、旅游做文章的产业，的确是一个朝阳产业。

存量资产是整个开发商阵营正在研究的一个大课题，正在经历不断的破题，而文化和旅游就是做存量资产的主要战略转型的一个方向。所以我相信，随着人们的消费不断升级和需求多元化，在文化旅游产业不断兴起的过程中，富有各地文化特色的小镇、小村或者其他形式会不断涌现出来，老百姓在文化消费中感觉到的幸福感、获得感也会越来越强。

李亚： 我在美国生活了十几年，对于他们的主题公园我有一个非常重要的感受——科技含量和互动体验含量非常高，尤其是在年轻人中最受追捧、最受欢迎的往往与科技有关，比如现在的VR以及各种新型的驾驶体验。类似的这种文旅项目华谊有没有做呢？刚才提到了向艺术拓展，那么向科技的拓展有没有布局呢？对于它的门槛，或者它的价值评估您是怎么看的呢？

王中军： 现在所有的主题公园都在推动年轻人喜欢的新科技应用，这肯定和20年前的主题公园不一样。比如说VR，我们在《集结号》区的实地体验也不是像过去一样只开个车进去，现在是戴一个VR眼镜和头盔穿行于战场当中。如果你问我这种高科技的体验感如何，我可能还接触不到那个层面，我毕竟在公司是做董事长，公园里所有的项目我都玩一遍也不太可能，而且我这个年龄也不太玩这个东西。

但一个电影小镇的体量随随便便就是几十亿元，所以还是要谨慎管理。而中国前十年经济、社会的高速发展，让我们这些企业家养成了过于浪漫、过于乐观的心态。

我觉得做企业别光谈文化和地产，像我和胡总这种做企业的人要考虑怎么盈利、怎么持续发展。郑州是一个有游客基础的地方，交通也很便利，这为未来的游客来小镇提供了支撑。没有人不想做科技，但这不是说你想做就能做的，敢不敢投是一个问题，而预算、投资及中国游客的审

美、欣赏能力国际化都是需要考虑的。所以不是说你想做高科技就能做高科技的，还是要因地制宜、适合中国文化。

做艺术的门槛还是比较高的，因为艺术没有标准。欧洲有欧洲的艺术，美国有美国的艺术，又有战前艺术、战后艺术和古典艺术、当代艺术、民间艺术等之分。无论哪个城市，如果艺术能够引导一种美学审美，未来才会有长期成长的空间。比如我们在北京做的松美术馆开业没多长时间，周末的游客量还是蛮多的。不像纽约的大都会、MOMA完全在城中心，松美术馆在顺义，那么远的地方周末还能有这么多游客去欣赏艺术，其实是我没有想到的。

同样的道理，建筑物里的内容怎么去更换、调整，我觉得还是一个挺大的挑战。其实一个小镇除了观光以外，吃、住也很重要，这就关系到民宿或者客栈能不能与你的文化贴合。

当然，如果人人都做我们这种规模的电影小镇，我觉得前途也不大，因为它体量太大。中国也不可能到处都是小镇，如果各省有无数个旅游小镇，未来便会出现同质化问题。以丽江为例，丽江古城的确成功了，但哪怕你复制这个模式也不一定会成功。所以我觉得未来文化旅游非常关键的一点是差异化和小型化。

我们公司也在做这方面的研发，现在大家都喜欢在网上购物，中国的商场开始空置，那么在空置空间里有没有可能研发出更小型的，年轻人或者小孩更容易进入，消费成本和投资成本不太高的产品？当然，规模可以大，也可以极为分散，像餐厅一样，但是如果家家都做迪士尼主题公园，那是不可能的。

美国原来有八家大的内容公司，在福克斯被迪士尼收购后只剩下五家。这么多年来五大公司中也只有两家在文旅产业中赚到了钱，所以我觉得还是要从商业的角度去思考、研发，围绕着社会发展做更进步的文旅项目。

当然，电影行业的核心肯定不是靠输出IP来赚钱，更赚钱的还是单一电影。中国电影的盈利空间确实是太大了，《哪吒之魔童降世》的票房就高达50多亿元，而在中国，连带宣传和发行，一个动画片最大的投资就是几亿元，折合下来就是一个月赚了十几亿元的利润。所以电影的爆炸性很强，关键看你能不能拍出爆款，能不能够在中国的五一档、十一档、春节档都有一部爆款。

像华谊也不是天天想着开主题公园，主题公园是好电影的延伸收入，最大的收入还是来自文化内容。一个公司努力一年，有两三个爆款电影，收入就很可观了。像我们2017年年底、2018年年初的《芳华》和《前任3》，共收入了三十几亿元。

我们不要想得太浪漫，我认为我与胡总，包括与未来做文旅项目的合作伙伴的路还很长。

李亚：葆森总在开幕论坛致辞中提到跟天津市签了新的项目，能不能分享一下是什么方向的？与中原文化有关吗？

胡葆森：我们与天津的西青区签了一个协议，要在那儿建一座中原文化小镇。起因是天津市政府2018年去参加河南省一年一度的春季投洽会时，天津市副市长跟我说了一个情况，让我很意外。他说："我们做了一下功课，知道建业不出河南，一开始我们有点失望，但是我得告诉你一个情况，天津有200万河南人。"这个数字让我有点意外，我说天津怎么可能有200万河南人？他跟我说了原因。

前些年天津滨海新区大发展时，曾经一度放开了户籍准入条件，买了房子就可以入户，那时候从河北、河南、山东来了几十万人，很可能比这个数还多。我就在想，既然中原文化小镇要走出河南，那肯定要去河南人多的地方。

当然，不是说只有河南人会欣赏中原文化，只是说起步阶段在河南人集中的地方比较容易找到它的基本消费群。在这个背景下，再加上天津服务外来投资的力度非常大，经过双方多次的沟通交流，我们就决定在西青区建一个中原文化小镇，投资规模也很大。

李亚：文旅地产跟地方政府的合作是非常重要的一部分。因为地方政府看重的是文旅地产能带动就业和消费能力。而且确实，文旅地产将文化、文娱这样一个周期行业长和短期现金流可能会爆发的地产行业结合到一起，也是对当下经济周期的一种转化。

我有一个问题想问一下王总。以海口的"冯小刚电影公社"为例，外部的食物能不能带进去？

王中军：我完全不知道。我看到上海迪士尼乐园禁止游客携带食品入园的新闻了，我觉得各有各的道理。就像开餐厅一样，客人不能带俩自己炒的菜到我这儿来吃，理论上是一回事。既然是来旅游，园区里有自己的餐饮，如果每天游客都带一堆吃的进来，餐厅如何盈利？这里还存在一个管理的问题。游客量太大，周末可能会达到几万人，如果有20%的人都带着餐进来了，就很难管理，但确实我不知道到底应该如何规定。

事实上，我们现在开业的三家小镇里的消费都很低，游客餐饮消费平均只有30元，纪念品平均卖20元。我们也做了一些大数据调查，游客进入所有的主题公园都是正常消费，他们在园区内花钱极为谨慎，不过水卖得贵，带杯水进去确实很省钱。我看迪士尼里的水、快餐都卖得很贵，确实不是每个旅游的人都不在乎这点钱，有的是全家人从外地过来，还带着小孩儿，旅游预算有限。

【互动环节】

提问1：我有两个问题想问王总和胡总。

第一，王总您刚才说中国的电影公司核心还是要做爆款，我想请问一下您对爆款是怎么评价的？符合哪些要素的电影才能被称为爆款？2019年的《哪吒》是一个爆款，但它上映前也没有预想到会有这样的效果。

第二，现在电影小镇可能大多都在郑州、河南、长沙这样的偏二三线城市布点和落足，但像环球影城，他们选择了北京和上海这样的一线城市。我想问一下两位老总对电影小镇的城市和目标人群布局的考虑。

王中军：我觉得爆款比较容易定义，每一个档期的前三名就是爆款。比如说2019年春节档，第一名《流浪地球》肯定是爆款，它有40多亿元票房，第二名是《疯狂外星人》。每一家片方一旦有一部大戏要上院线，给团队的诉求都是一定要进前三名，只要进了前三名，基本上就会有较大的盈利。

能否成为爆款确实是企业不能完全掌控的，虽然不能够完全掌控，但还是有一定基本要素的。电影在拍摄时你总要知道它的故事是什么样的，演员是什么样的，能不能进入这个档期，你敢不敢将自己的电影放入这个档期。这些也是一个企业考虑的最大问题。

因为如果你将片子放入黄金档期，它最终也有可能成为"炮灰"，毕竟如果进不了档期前三名，那就赚不了钱。可能一个档期大概有15部电影上映，最后只有3部赚钱。中国的电影市场是这样，全世界的电影市场也是这样。全世界电影都是二八开，20%赚钱，80%不赚钱。像我们这样的公司一年10部电影，赚钱的也就三部，但这三部电影的盈利都超高，单戏盈利都是大几亿人民币，可以覆盖那些不赚钱的电影。

有人可能要问，为什么你要拍那些不赚钱的电影呢？有两个原因。一个原因是制作团队的把握没有那么精准，这就和风投一样，你投的所有公司不可能最后都赚钱，做电影也有这个性质。另一个原因就是要积累IP、积累片库。一家公司要积累大量的片库，电影的知识产权可能在未来会对公司其他方面的发展有支持作用。

关于选址问题，企业是没有选择余地的，我也想在北京和天津建电影小镇，但成本太高了，土地成本以及各方面的竞争力等我们都得去考虑。

我觉得做电影小镇，选择的城市一定要有吸引力，当地的政府和合作伙伴认为我的电影小镇有价值我就去,没有价值我就不去,就这么简单,不是我想选哪个城市就选哪个。

提问2:一方面,现在文旅地产很热,大家都在拿地投资;另一方面,之前投的很多文旅地产现在出现了"黑城"的问题——投了很多钱、修得很好,可就是没人去。对于这个问题,两位老总有什么看法?

胡葆森:我们文旅公司的总经理告诉我,在过去的20年间,80%以上的文旅项目都是不赚钱的,或者说都是亏损的。原因有很多,一是投资人不成熟,没有把该想的事在一开始就想明白;二是在过去的20年间,大家在文化、旅游方面的消费水平和意愿不够强烈,消费能力也没那么强;三是项目的选址、内容等各种原因。

现在恰好处在文旅地产的一个转折期,基于过去20年间不成熟的商业运作,我们现在开始探讨文旅地产究竟该怎么做。今后的20年,文旅地产一定是个朝阳产业。

过去20年80%的文旅地产都不赚钱,是不是决定了未来就不能做了呢?答案也是否定的。可能今后的20年,投资人会在总结过去20年大多数项目不赚钱的教训基础上,借着消费升级、借着地产商的投资能力、借着存量资产,产出越来越多文旅地产的产品,我相信在未来的三五年,文旅地产会呈现出一个快速发展的趋势,在这一过程中成功的项目也会越来越多。

榜样青年

一百年前，一群风华正茂的青春学子揭开了中国新民主主义革命的序幕。一百年后，青年人传承着"五四精神"，在各自的岗位上书写着奋斗的青春。青春最富有梦想，青年最富有朝气。新时代青年人独立、有个性，且充满社会责任感，他们用自己的行为定义现代青年的精彩青春和榜样人生。

在2019年亚布力论坛第十五届夏季高峰会上，围绕"榜样的力量"这一主题，UNPay（优付全球）创始人兼CEO章政华，米兔智能故事机创始人、机器岛CEO吕继伦，高维科技创始人郭鑫，老虎证券创始人巫天华，武汉大学"大山里的魔法教室"理事会会长彭野，青春合伙人青年大使、伯克利音乐学院学生黄子弘凡分享了自己在创业、求学路上的故事，亚布力青年论坛轮值主席、PEER毅恒挚友理事长陈奕伦主持了本场论坛。

陈奕伦： 本场论坛将有6位嘉宾为大家讲述自己的故事。

第一位演讲嘉宾虽然很年轻，但是他在近30岁的时候就已经管理了近千人的团队，同时他也是《财富》杂志40位40岁以下最具影响力的年轻商界领袖之一，是"80后"国际大型互联网企业高管杰出代表。下面有请UNPay（优付全球）创始人兼CEO章政华。

章政华： 今天本场论坛的主题是《榜样的力量》，其实我还谈不上是榜样，我更多地是想分享自己成长路上、创业路上所遇到的问题。

做一件事情，兴趣很关键。我从小就很喜欢互联网，也正是基于这一兴趣做了现在正在做的这件事，我感到很幸运。我是最早一批加入阿里巴巴的人，十几年前进入阿里巴巴，在那里待了7年。刚进阿里时，我就接受了外界所了解到的特别有阿里风格的训练体系。

我记得自己刚进公司没多久，领导就跟我谈话，说我们今天要做一个产品，叫支付宝。那个时候大家对支付宝完全没有概念，他问我，要不要尝试一下？当时的阿里巴巴更侧重销售类业务，但这可能无法完全发挥我的优势。支付宝这个产品是跟互联网相结合的，我觉得这可能是我的一个机会，所以就去了支付宝团队。刚进支付宝团队的时候，团队里只有几十个人，7年后我走的时候，团队成员已经发展到3000多人了。

我在做支付宝的时候收获很大，因为这是一条没有前人走过、完全由自己探索出来的路。我印象很深，最开始我们要通过打电话向客户宣传支付宝，打电话的时候说："你好，我们是支付宝公司。"因为我是南方人，口音不标准，客户听错了，说："你们是吃不饱公司？"就挂了电话。虽然遇到了困难，但在那个过程当中，我觉得对个人的收获和成长是很大的。

我们最早做支付宝的时候，是做To B业务的，并不是面向个人用户

的产品，它服务于淘宝，只是作为淘宝的收款工具。那时候我们做了很多行业的开拓，我自己负责过公众事业、通信等一大堆行业，我也是在那时得到了成长。

大概在2007年、2008年的时候，有一次我和淘宝的一个同事出差，理论上从内部职级来看，我的职位可能高一些，但我们下飞机以后，淘宝的同事已经被豪华车辆接走了，我还在默默地排队打车。那个时候我就思考，为什么在同样的公司做不同条线的产品，待遇差距这么大？其实当时互联网做To B的势头还没有显现出来，人们更熟悉和了解的是To C的产品。我就在考虑支付宝能做什么To C的业务？

最早我们做了"阿里眼"，也就是今天大家看到的淘宝电影票，当时做完以后淘宝觉得不错就拿去了。中间我们还尝试过彩票等场景，直到我们做了水、电、燃气在线缴费业务后，大家才对支付宝有了认知。2007年以前，基本上所有的缴费都要去银行办一张卡，绑卡之后才可以扣款。那个时候我提出支付宝要发展"聚生活"战略，即将生活的场景聚集在一起，让支付能力发散。

所以，支付宝的第一个To C项目从战略到业务的负责人，包括整个项目架构的搭建人，都是我。

现在再回过头看，我的很多想法都改变了。在早期，我会更愿意去成熟的大平台工作，但是现在我觉得不一定了，因为只有能参与到平台的早期发展中，才有更多机会去做一些尝试和创新。

在支付宝工作的7年，我涉足了很多行业，也是因为有这样的经历，2012年百度找到了我，当时的百度金融还是一片空白。跟他们谈了大半年，最后我加入了百度金融。百度金融现在改名为度小满金融了，度小满钱包、度小满理财、度小满支付这三个项目的创始人和负责人都是我。我进百度的时候，整个团队不到10人，我离开的时候差不多有1000人了。

在这段经历中，我的感受是，原来自己像一个螺丝钉在做事，突然被放到了平台的聚光灯下。我应该是当时空降到百度当总经理的最年轻的一位。到大平台的收获是什么呢？一般情况下，你需要加强自己思考的结构化和体系化能力，因为你做事是为了解决问题。但是到了大平台后，你需要在保证思考结构化的同时，关注这一结构中存在的对象，即出现的人，因为当你在解决各种问题时，会有很多同事与你配合。

在百度时，一位负责国际化的同事张亚勤给了我很多启发，让我有机会成为中国最早一波在海外看国际化和中国科技落地的人，这对我现在的创业内容有所启发。

接下来，我想结合自己的经历跟大家分享一下：当你今天做的事情跟以往不同时，你需要具备的能力以及需要做的事情。

我在百度时负责向海外推广移动端业务，国外在移动业务方面的基础建设没有那么强，我指的是除了欧美以外的其他国家，比如东南亚、非洲的一些国家。对于我们这代年轻人来说，做跟互联网、科技有关的事情，会有更多机会，而跑到其他国家做传统基建类的场景，机会并不大。国外没有互联网业务，就会吸引国内企业到国外去发展，这时又会出现许多收付款问题，因为你不可能只在海外做一个场景的信息化服务。

当时我在这中间看到了机会，想去全球发展。我认为支付是中国第一个科技类应用。在全球除美国和中国外，很多国家的支付技术没有那么强，因为他们不像中国、美国、印度一样有足够多的研发人员。这也就说明了一点，如果今天大家所做的事情不具备特别好的国际品牌和核心竞争力，那就要思考如何把中国的优势发挥出来。

在这种情况下，我们看到的机会是去海外帮助这些国家中类似阿里Pay这样的公司快速成长，就是做它们的互联互通网络。但其中有几点需要注意。

第一，今天全球化形势跟以前完全不同，特别是在与金融有关的内容和业务上，海外非常敏感。所以首先你要保证把创业这件事情做成。海外一直认为我们是用中国技术的新加坡公司，所以在全球化道路上的敏感度没有这么高。如何更好地切入国际市场，我觉得这是大家在国际化的时候要去思考的问题。

第二，所有人都觉得互联网是无界的，可以做全球的业务，但当你做跨国业务时就会发现有两件事情很难：一是收付款，二是总体资金运营效率。在汇率波动幅度大的情况下，如果企业没有很好的海外结构设计，成本回收上会有一定的风险。所以今天创业不仅要有全球化视野，还要高度关注资金的运行情况。

第三，全球趋势发生了巨大变化，今天大家觉得有些事情能简单地"借船出海"，但从未来来看没有那么容易，因为每个国家只要是和它的金融与数据相关的业务，一定会倾向于本土化发展，未来它们对数据的重视程度会越来越高，没有哪个国家会愿意将自己本地化的资源与其他国家分享。

最后，我快速回忆一下今天我分享的内容。

第一，今天不管做国内还是国际业务，都需要用国际先进的金融系统去武装你的企业，现在中国在发清算牌照，意味着海外的金融科技公司会到中国做清算业务。

第二，要用内、外两种方式进行国际合作，不能做一个只有中国标签的公司。公司在启动的时候就要考虑国际化问题。

第三，在创业过程中，大家可能觉得自己成长得还不错，思考问题时就会骄傲，但在国际上做事要不卑不亢。因为一旦骄傲，可能就会让你的公司处于一个敏感地位，变成敏感对象。

第四，永远追逐你最早的梦想，就像我最早喜欢互联网一样，我一直在这条路上前行。在创业的年轻人中，我应该算为数不多的一直做支付业务的一位。

陈奕伦： 接下来的一位演讲嘉宾是智能硬件领域的创业老兵，他曾经打造过老人手机领域的爆品——21克老人手机，以及儿童领域的爆品——米兔智能故事机。有请米兔智能故事机创始人、机器岛CEO吕继伦。

吕继伦： 2019年正好是"五四运动"100周年，能站在100年的维度来看看科技创新，我觉得很有意思。

做米兔故事机，需要做内容定制。我们想要打造爆品，这个爆品里应该有什么样的内容？由此我想到了100多年前梁启超先生写的《少年中国说》，他还向中国学生推荐了一些老的书物。那一代年轻人就是我们现在的老一辈，他们当中涌现出了很多大家，而他们就是阅读这些书成长起来的。

所以我觉得孩子在很小的时候所阅读的书，以及在启蒙阶段所听到的故事，对他们人生产生的影响会特别大。

我就跟我们负责内容的团队说，我们一定要找国内特别专业的专家，让他们帮我们整理书目，我们再根据这些目录去买版权再进行录制，希望每个孩子听到我们的故事后，人生会变得不一样。

100多年前梁启超先生和100多年后的我们其实有共同的使命，就是希望我们的下一代更优秀。在创业、创新的过程中，大家会认为所有的人都在追求变化，但其实其中有一部分是不变的，那么到底是变的东西重要还是不变的东西更重要？这个问题我也回答不了。

我当时为什么会去做老人手机？

2010年，第一代iPad（平板电脑）发布，我因为比较喜欢新事物，所以就买回家了。我家小孩拿到iPad后特别会玩，自己下载《切西瓜》、《愤怒的小鸟》等游戏，那时他才一岁多。于是，这件事情触动了我。

我一直关注科技发展趋势。我之前学电脑的时候是用DOS（Disk Operating System，磁盘操作系统）抄命令编写小程序、玩玩小游戏。那时候会用电脑的人特别特别少。后来有了Windows，越来越多的人会用电脑了，他们还可以跟电子设备联网进行交互。

但是触屏带来的是什么呢？小到1岁小孩，大到80岁、90岁的老人都可以用触屏电子产品，他们也完全可以跟电子设备交互起来。既然这个东西出现了，我们觉得肯定会有巨大的市场存在，有这么大的空白市场，那一定需要人去做。所以我们那时候觉得未来触屏的产品肯定会有一个巨大的增量。

最初我们的团队很小，只有几个人，实力较弱，也没有资金，如果正面竞争去做安卓的系统肯定做不了，于是我们就自己开发系统做一个比较封闭的老人机。两三年后，我们把这个系统开发出来了，应用得很好，也获得过令人骄傲的成绩——在京东上我们的老人机销量曾短时间内超过苹果。从这也能看出市场趋势很重要。

到2015年，我们很关注交互革命，当时语音交互技术越来越成熟。相较于触屏方式，语音控制会更自然。而且当时手机行业发生了巨大变化，巨头都发展起来了，我们再做手机的话，未来会被巨头打掉，小公司都活不下去。所以我开始关注语音交互，最早我们找到了讯飞——国内最早的语音交互产品正是我们和讯飞一起联合开发的。产品上线后，因为技术比较先进，很早我们就跟微信打通了，真正把微信语音在智能设备上用了起来，所以当时产品出来以后也变成了爆款。

如果你关注趋势的话，你会发现有一些趋势变化会呈现在市场中，如果能在合适的时间进入，那你就会有机会。

现在大家开始嫌语音麻烦了，接下来人们肯定会把芯片植入大脑中，因为这样跟设备的交互会更简单：不需要说话了。所以未来我们之间的交流可能就不用这么麻烦了，我只要往这里一站，你们就知道我在想什么了。

所以站在几十年、一百年或者更长的时间维度上，可以看看你现在所做的事情在赛道里有什么样的趋势变化。如果你采用的是一种落后的方式，跟不上趋势变化，那就有可能会被淘汰掉，所以你最好能走在前列。这其实是变的部分。

事实上，一直以来我只在关注一件事情，即人和设备如何交互。现在回过头来看，我们会发现，一家企业解决问题的需求点是不变的，只是它的手段在变。

小时候我特别喜欢看武侠小说，比如《倚天屠龙记》，看到张无忌跟赵敏在一起，我觉得张无忌就应该是这样的。长大了以后去看金庸的采访，他说他当时也很喜欢小昭，觉得小昭比较好，小昭可能更适合他，但是张无忌没办法跟她在一起，因为他是一个很被动的人，他的这种被动性人格一定会被一个具有主动性人格的人抓住，他不能为自己做决定。

这里我想说的是，作为企业家或者创业者，你一定要了解自己的性格。如果你的性格不适合做某件事情，那在团队里你要去找一些能辅助你去做这件事情的人，不然就会出问题。虽然人的性格是不变的东西，但是你的认知是可以变化的，而且团队是可以一起学习、进步的。但其中有一些东西是不变的，这也是你需要关注的核心，因为它会影响你。所以说性格决定命运是正确的，因为它会影响你整个公司的发展路径，包括你自身的发展路径。

我想再举一个可口可乐的例子。可口可乐推出新口感可乐的策略很失败。实际上，品牌在消费者心中的印象是比较固定的东西，跟人的性格一样，你很难去改变它。所以我们做儿童产品的时候也在想，大家都想做"AI+儿童教育"的设备，那我们该做什么呢？因为知识内容特别多，也都是可变的，而且不同时代的教育方法、关注重点也不一样，所以我们不能用自己的思路去做。我们说学习的基本方法是听、说、读、写、练习，那我们就做"AI+听说读写故事机"，像这样找到一些不变的东西，你就可以在这条线上不断地迭代产品，不断地跟一些内容厂商合作。

总之，你要找到一些固定的东西，同时观察趋势。其实我一直在思考，哪些东西是能抓住不动的，你可以一直追着它；哪些东西是一直在变。当你遇到问题时能把这个问题想清楚，很多事情就能够迎刃而解。

我们属于草根创业，To C领域又是一个开放的市场，若决定创业，就会面对巨头，面对这些巨头时应该怎么办呢？我相信绝大部分创业者跟我们类似，没有大量的特别好的资源，同时又需要面对激烈的竞争。现在我们大概就是面临这样的局面，特别是科技公司。我认为要找到不变的点，同时把握住整个脉络的趋势。

陈奕伦：接下来的一位演讲嘉宾，他们公司是国内领先的产业财税数字化解决方案的提供商，也累计服务了上万家企业。有请高维科技创始人郭鑫。

郭鑫：我一直在想一个问题，一个成功的企业是怎么从0到1的？我认为有两种思维方式。

一种是企业的高管本身就来自成功的企业，他会直接把原来企业的一些成功经验、商业模式或者产品资源带到下一个创业的企业，我称这种方式为归纳总结。

还有一种思维，就是凭空想象。创业者通过凭空思考、想象，发现一个商机，并围绕这种凭空的想法、念想，不断地整合资源，找到更多的资源，把这件事做起来。

现在看来，我认为这两种思维中，第二种思维更适合今天的创业者。为什么这样讲呢？其实我是在上大学的时候创办了现在这家企业，然后一直做到了现在，之前没有经过任何训练。这家企业成立至今已经有4年

了，目前市场份额还较为领先，每年有三四亿元的利润。

当时做这件事时我们是怎么考虑的呢？

第一种思维有一个最大的问题，就是当你听到一件好的事情时，实际上这件事情已经到了快要走下坡路的阶段了。大家知道，任何一个产业都有生命周期。你觉得这件事很好的前提是别人告诉你它很好，别人之所以告诉你它很好，是他有很好的论据。今天产能过剩的行业，你不会觉得它很好，为什么？因为如果论据很差，别人再怎么诡辩也不能说这件事情很好。

你会发现，一个归纳总结的思维会把你指向一个产能过剩的产业。为什么？你听到的时候别人也听到了，大家都听到了，大家都会觉得自己比别人厉害、比别人聪明、比别人有优势，都涌向这个产业，于是这个产业就会迅速到达一个顶峰，随后导致产能过剩。这时你再去做这个产业，越做越累，你不会觉得是自己的模式出了问题，而会觉得是自己运气的问题，或自我反思管理不行。

实际上并不是。我认为任何创业企业都不能跟别人拼管理，为什么？任何一个创业企业的管理都不如大企业，因为大企业经历了十几、二十几年的周期，积累了足够多的方法论、世界观，以及人才、资源，可以把管理做到极致。如果你发现做一个产业越做越累的时候，要立即停止，因为这个产业很可能你做不下去。

我认为最好的创业机会绝不是靠人才，也不是靠管理、资源，而是只靠一件事情——空想。因为只有空想，才能想出别人想不到的东西，只有空想才能想到自己的"财地图"。

2013年，我谋划创业的时候，支付宝正进入全民社会，雷军在讲互联网思维，大家觉得 To C 的生意现金流好，覆盖面广，可以迅速带动流量和产业增长。那时候我就在想：互联网到底给国民经济和传统产业带来了什么。

这是空想的第一步，就是要找到元问题。互联网最大的优势是提高效率、降低成本、即时体验。这三件事情是不是只能在 To C 的领域中做呢？To C 做得好的原因是 To B 没办法做一个支付宝。

大家都知道，To B 的生意很大，而大宗的生意不可能在互联网上完成，一定要在线下。互联网没办法改变大宗生意的经营模式，就不能改变大宗生意的成本结构，也就不能带来极致的体验、降低成本、提高效率。这就是我刚刚说的——别人告诉你的事情，于是我放弃了对 To B 生意的探索。

但是，我觉得一定要先空想出来一个元问题。后来我发现，To B 的生意不是不能做互联网改造，也不是不能用互联网提高效率。

To C 做的是个体之间的生意，To B 是做一团人之间的生意，互联网只是把个体连接起来，而没有把团体连接起来。应该怎么连接起来呢？于是我就想到了第二个问题，并提出了我的想法。

基于个人的决策是冲动的、比较简单的，大家能够迅速提高效率。将团体连接起来的重点是什么呢？就是找到这些人的决策核心。我发现了一个大家都没发现的问题，To C 的生意不用考虑财务和税务的问题，用户把钱一付，没有垫资、欠款、应收账款这些杂七杂八的东西，而团体就要做财务处理。

当时我想，如果把全中国所有企业的财务部都联网了，做一个财务部互联网，这个 To B 的基础设施是否可以打通？那财务部为什么要联网？因为它有三件事要做：算账、融钱和投资理财。

如果能够把这三件事打通，通过互联网云端服务器赋能，让财务部更有效率，这样财务部自然就联网了。如果我能打造一个财务部互联网，自然就能打造一个 To B 的互联网，或者成为 To B 互联网的基础设施——平台的平台。所以，2015 年我创办了高维科技，让财务进入我的互联网。

后来我发现还要化繁为简。第一步，空想出一个问题；第二步提出一个解决方案；第三步，要把解决方案中的大部分问题给拆掉。

后来，我发现财务部互联网最核心的问题是解决财务部税务助理的互联网，有些企业税务问题不好解决，2016 年我们进入医药行业，发现最大的问题是流通环节，而所有的问题都不好解决，这是第一个。

第二个，流通环节有大量的参与人员，个体跟平台之间不方便进行结算。

第三个，这个过程中有大量的从多个方面来结算的场景，需要将瞬间转账变得容易，需要大量的基础设施帮助一个大的药企和流通企业搭建一个医药财税互联网。

当时我们发现有三个问题可以解决：

第一，不要用公司制的平台，而要打造合伙制的平台；

第二，打造可以瞬间结算的平台；

第三，打造能够完成授信的平台。

当时我们帮助一家大型的医药企业建立了合伙制平台，平台聚焦的是原来的医药创业企业。医药工业企业把货发给合伙制平台，平台再把药卖给医院，利润就在平台上流传。

大家知道，合伙制平台是自行规定收益分配，它按照我们的计算机系统自动结算给医药厂商，形成了一个巨大的利益创新，大量的医药代表为了财务结算纷纷依托到这个财务平台上来，聚集了大量资源。我们依照这个方法进入医药、钢铁、煤炭、矿业、船运等许多行业。进去以后，通过这个解决方法形成了两个基础设施：一是财务基础设施，二是税务基础设施。

我们的创业充分利用了空想的优势，核心有三点。

第一点，找到没人想或者想得不够深的元问题。如果你还在做别人做过，或者别人外包给你的事情，没有太大利润。创业企业不要试图以自己的成本优势或者规模效益进入行业，因为这个行业中除了商业模式和想法能产生垄断收益以外，别的任何管理收益在创业企业里是不存在的。

第二点，空想的时候要多想一些问题，而做的时候要删得只剩一条，把那一条做到极致。用这一条小的痛点、大的优势进入别人的生态系统，获得跟这个生态系统共同成长的红利。

第三点，我认为创业企业不是人、产品或者任何单一生产要素构成的，而是一个整体。这个整体依靠一个想法，完成0到1的过程。

今天的创业者应该多想一想别人没有想过的问题，把别人做过的模式记下来，以后想进入这些行业的时候就可以避开这些模式了，但在这些行业以外还有很多机会。

变局——中国企业迎战"黑天鹅"

陈奕伦：下一位演讲嘉宾也是《财富》杂志评选的40位40岁以下的商业精英之一，他用两年时间打造了华人地区最大的美股券商。接下来，我们有请老虎证券创始人巫天华。

巫天华：我在网易做了8年的互联网工作，在那段时间里经常研究股票，所以自然而然地就走上了老虎证券的创业道路。因为个人爱好，我从一个互联网工作者、一个美股玩家，变成了一个互联网券商的创业者。

我觉得大公司的衰落、小公司的崛起跟科技的进步和代际更替有着比较直接的联系。由于科技进步，生产力发生了变化；因为代际更替，年轻人有了新的投资习惯和诉求。券商其实是一个非常古老的行业，从阿姆斯特丹证券交易所建立开始，到今天已经有几百年的历史。在电影《华尔街之狼》里，大家都是通过电话或者现场举手来做交易。为什么在2014年这个古老的行业依然有重新创业的机会？因为技术不一样了，过去20年来，计算机专业有了日新月异的变化，改变了我们的衣食住行。

今天，这个时代对于投资、交易、软件及用户体验等各方面有了更高的要求，因此为新一代券商带来了机会。此外，父辈可能更喜欢通过读报

纸、看《新闻联播》或者更加传统的方式找到投资机会，投资更多的也是传统行业。而随着代际更替，今天的年轻人可能更喜欢投资科技股票，更喜欢通过手机App、社交平台等移动互联网的方式找到自己的投资标的。所以，今天在标的选择、投资行为等各方面其实已经发生了较大变化，而我们正好利用这个机会应运而生。

我是怎么走上投资美股道路的呢？从大学主修计算机专业到在网易工作8年，一直以来，我都处在互联网行业中。这个行业相比传统行业确实在加速变革，每年很多行业巨头都会发生一些变化，比如短视频领域，从最初的映客到后来的快手、抖音。其实，互联网行业每一两年的变化相当于传统行业十年甚至几十年的变化。

一般大的行业变革背后都会有投资机会。以手机为例，大家最初用诺基亚，后来用智能机，再到苹果、安卓手机的崛起，在这过程中，不仅仅是我们有了更好的产品，也产生了做空诺基亚股票、做多苹果和谷歌股票的机会。再比如社交软件的变迁，从最初读书时我们用的人人网，到后来崛起的微博、微信，这个变化过程其实也牵扯了非常多的上市公司。

所以我觉得投资股票不仅仅是瞎猜涨跌，很多时候是对行业认知的变现，它也可以很好地训练我们的商业判断。我一直觉得这些最优秀的公司，他们最新的财报也是最好的MBA教程。在财报季，上市公司高管对公司未来发展战略的解答以及对未来的预测，都是最新的商业案例。

过去，中国人非常遗憾地错失了互联网红利，像腾讯、阿里、百度这些公司的背后很多都是海外投资者。阿里最大的股东不是马云，是孙正义；投资腾讯的南非Naspers可能是历史上最伟大的投资集团。由于种种原因，很多科技股都在海外上市，因此我看到了中国人投资中概股、科技股的需求，于是我们做了老虎证券App，因为我们看到了痛点，从兴趣出发做了这件事。

一直以来我给创业朋友的建议就是，不要人云亦云，不要什么点子热就去做什么。6年前老虎证券刚起步时，我们跟投资方交流，他们觉得这件事情听起来有点小众，怀疑到底能够做多大。正是因为我们做的时候，这一行并不在互联网金融的风口上。6年前互联网金融的风口是P2P

(Person To Person，互联网金融点对点借贷平台），后来变成现金贷，我们似乎是在舞台很角落的位置，但我们当时就是在做自己喜欢、感兴趣、觉得有意思的事。现在看来，这是创业最初选择的时候很重要的一点，因为你有兴趣，在面对困难时才能坚持下来。

在做新一代券商的过程中确实有困难和挑战，很早以前，中国有一个创业思路就是看美国有什么，然后将之复制到中国来，对照它的前期体验做一些相关的优化。而我恰好认为要颠覆美国的做法，所以我们就得从用户的场景、痛点出发。投资美股的时候，我可能会通过看雅虎、看一些讨论来获得新的资讯，但是这些信息分散在不同的网站，找起来很麻烦。我们把这样的资讯集中到一起，让大家一站式看新闻资讯、看UGC（User Generated Content，用户原创内容）、PGC（Professional Generated Content，专业生产内容、专家生产内容）的讨论，这样我们就有了老虎社区。我们还可以交易。所以，渐渐地我们跟上一代券商有了差异。

随着经纪业务的扩大，我们有了足够多的美股华人玩家，我们也渐渐有了做IPO（Initial Public Offering，首次公开募股）承销、分销的机会，我们又看到了一个痛点。过去有很多非常优秀的案例，比如当年百度上市的时候，第一天股票就涨了很多；再比如2018年拼多多上市的时候，第一天就涨了大概40%。而正常的二级市场玩家只能拿到开盘价，拿不到公司的发行价。过去投资者若想拿到发行价，得认识公司的高管——认识CEO、CFO（Chief Finance Officer，首席财务官），大家一起签一个协议，但大多数人没有这样的人脉。所以我们把这样的美股打新从线下搬到线上，用户在我们的软件里点击几下就可以拿到这样一个发行价，而不是开盘价，从而产生获利的机会。这又是一个非常典型的把原来传统的线下流程搬到线上的案例，这也帮助我们获得了非常多的客户，使得我们成为华人地区最大的美股券商。

再分享一个业务的例子。员工期权的管理系统，这也是一个非常古老的业务。过去我在网易的时候，包括阿里巴巴，用的都是老牌的管理系统。员工期权管理系统是一个非常传统的、已经有很成熟业务的赛道。太阳底下没有新鲜事，怎样才能有机会去颠覆或者改进呢？我们发现传统的管理系统用户体验非常差，对公司用户的收费又高，所以我们就想把这个To B的业务做得更加好用、更加便捷，甚至免费提供给一些上市前的公司。我们从2018年开始推出这个业务，在短短一年左右的时间里，我们与几十家美股上市公司签了约。

我想通过老虎证券的创业初心以及对老虎证券IPO美股打新的业务思考，来跟大家分享我们的一个理念：做自己感兴趣的事情，找到上一代的痛点，发现因生产力变化、代际更替而出现的机会。我们也不用去惧怕上一代的巨头，很多时候只要专注你自己的事情，找到增量价值，年轻人也会有一片天。

陈奕伦：青年论坛其实一直希望能打造一个非常开放和多元的平台，我们一直也非常关注公益领域。接下来的这位演讲嘉宾所在的公益组织从事的是乡村小学艺术教育工作，通过硬件与软件、实地与远程的结合，为贫困地区的乡村小学提供优质的艺术教育资源。截至2019年8月，他们已经累计招募志愿者6000余人次，志愿服务时长超过10万个小时，授课5000余课时，让超过13000位农村学子从中受益。下面有请武汉大学"大山里的魔法教室"理事会会长彭野。

彭野：我是武汉大学外语学院一名大二的学生，同时也是武汉大学公益社团"大山里的魔法教室"理事长，今天我想讲讲那些公益界的榜样们如何影响了我们的公益道路，而我们作为一个小小的学生社团又有着怎样的公益故事。

我们的故事开始于2009年夏天，这一天武汉大学西部计划志愿者一行人来到湖北恩施的乡村支教，走到车坝小学的一间教室外面时，原本有说有笑的支教队伍突然安静了下来。他们看到：教室是残破不堪的，孩子们坐在并不牢固的桌椅上，老师站在破旧的讲台上不停地描画着什么。然而就是在这样一个昏暗的空间里，孩子们的读书声依然是清脆而响亮的。

支教的一天下午，有个孩子下课了走到志愿者身边问："老师，你会画画吗？你可以教我吗？"这名志愿者在后来的采访中也说到：在山区小学你能听到操场上欢快的笑声，却没有愉快的歌声；有孩子们书写整齐的课本，却没有五颜六色的绘画本。当城里的孩子蛮不情愿地练习着钢琴的时候，山区的学生却还没有接触过一件乐器。

回到武汉大学后，大家都没有忘掉支教中的一幕幕，在所有人的努力下，"大山的魔法教室"成立了，他们再一次回到车坝小学亲手搭起了每一张桌椅，画下每一处墙绘，铺好每一块地板，就像变魔法一样给孩子们盖了一间五颜六色的艺术教室，专门用来上艺术课程。就这样，第一间魔法教室在他们的汗水和努力中建成了，但他们可能没有想到他们埋下的这一颗种子会那么快地生根、发芽，并在11年之后的今天长成了一棵大树。

其实改建魔法教室也并不是一件简单的事，2018年11月我就参与了第39间"魔法教室"的建设工作，对此深有体会。在把建材搬好之后，首先要做的就是铺地板胶，地面的规格需要反复测量，边边角角更要精确地核对。五六个男生齐上阵，才能把地板胶给铺实、压牢。然后要做的就是安装多媒体设备和课桌椅，因为我们有懂技术的同学，电脑、摄像头这些设备倒并不是很难，课桌椅却是一个不小的挑战。要把零散的部件用一枚枚钉子拼接成桌椅，必要的地方还需要用三角铁加固，以防使用中出现安全事故。

最后，既然是艺术教室，自然少不了精美的墙绘。在设计专业同学的严格要求下，我们几个从来不画画的男生也跟着忙活起来。每天早上6点起床，晚上10点收工睡觉，就这样我们用短短一个星期的时间，完成了这次大改造。虽然有点辛苦，但是想到夏天孩子们看到魔法教室时的欢呼声，我们觉得这一定是值得的。

其实，我们早就形成了一套标准化的魔法教室建设流程，而我参与的不过是其中一环。通过调研数据、采购建材、实施改建、后期维护这四个环节，我们尽可能提高建设教室的效率并且延长教室的使用寿命。

此外，我们还根据小学当地的民俗特色，先后设计出了三种教室主题，"海洋之心"象征海洋，"彩云间"象征天空，"魔法生花"象征森林。在这样的艺术教学空间里上课，能够极大地激发学生们的想象力和创造力，提高老师的上课效率。

现在硬件平台已经搭好，孩子们能在这里学到什么呢？根据我们的了解，大部分乡村小学都没有专业的艺术老师，音乐、美术、科学这些课程只能由主科老师代上。在老师自己都不太懂的情况下，怎么可能保证课堂的质量呢？为了解决这个问题，我们自主开发了一系列科学化、体系化的魔法课程，开始只有美术和音乐课，后来根据小学的需求又增设了科学、人文、生理三大类，每一节课都对应特定年级的学生，只有这样才能精准适应他们的心智发展水平。

在和我们接触的小学当中，师资匮乏最严重的全校162个学生只有5名老师，每个老师要负责多个学科，平均每天要教6~7节课。为了缓解师资压力，我们从2012年开始面向全武汉的高校招募大学生志愿者，派遣他们到"魔法教室"所在的小学进行支教。志愿者在给孩子们传授知识的同时，也带去了情感上的交流。

总有支教志愿者和我们说学生们下课了总喜欢围到他们身边问："他们城里的生活到底是怎么样的呀？城里的楼房到底有多高？"为了让山区学子真正看到山外的世界，2013年我们抱着试一试的心态开启了第一期梦想花开游学营，通过开放式的申请和一定的筛选流程，带领贫困学子走出大山，游学武汉。

活动成效超出了我们的预期，35名孩子在三天的武汉之旅中不仅增长了见识，还坚定了理想和信念。好几个孩子在离别前懂事地和志愿者说："老师，我一定会好好学习，我也想考武汉大学，我也想像你们一样去帮助别人。"经过不断地完善，目前我们的游学路线已经涵盖了湖北省博、武汉大学、黄鹤楼等重要的文教景点，让学生们在活动中真正游有所感、学有所得。

2016年正是"互联网+"这个概念如火如荼的一年，我们也因此看到了一个契机，由此用来解决实地支教中教学效果难以持续的问题。于是，"魔法云教室"这个远程支教平台就应运而生了。

这个课堂已经是比较成熟的了，但在试讲初期我们的确遇到了很多困难。2017年，我在四川简阳清水村参与了2天的远程试讲，一端是和我们达成合作的武大附小的美术老师，另一端则是40多个满怀期待的孩子们，我们则在教室里充当助教的角色。

因为当时缺乏经验，课堂是状况百出，我们一会儿要忙着给孩子们补充手工材料，一会儿又要维持课堂秩序，其中中途硬件设施还出了好几次问题，这样一堂课下来不仅讲课的老师累得满头大汗，我们几个志愿者也手足无措了。

庆幸的是三年来我们不断克服了各种困难，"魔法云教室"终于在2019年顺利落地。我们升级了"魔法教室"的硬件设备，利用翼鸥教育提供的远程支教平台，采用专业老师带志愿者的团队形式进行授课，现在小学端不仅能够直播听课，还能够在线选课和录播回放，可以说通过"魔法云教室"我们用科技实现了教育资源的再分配。

就这样，"大山里的魔法教室"不断倾听着乡村小学的诉求，在公益助梦的道路上越走越远。根据统计，我们10多年间在全国5个省份共改进42间"魔法教室"，累计招募志愿者超6000人次，志愿服务时长达到11.5万小时，累计授课超过5000小时。10多年间，我们让超过11000名孩子在"魔法教室"接受到了优质的艺术教育，让202名贫困学子到武汉游学，让超过3000名山区学子受益于"魔法云教室"。而我们的志愿服务也得到了全社会的广泛赞誉，受到新华社、人民网等国家级媒体报道24篇，并且获得了阿克苏诺贝尔中国大学生社会公益奖等重要的奖项。

为了保证项目的持续性，一方面我们进行了严格的预算管理，每间教室只需要3万~5万元就能让数百名学生拥有一个良好的艺术教学空间；另一方面我们也积极地寻求着社会爱心企业和基金会的支持，尽最大的可能汇集社会公益力量。

我们总说孩子是未来、是希望，孩子的童年好像充满了数不清的糖果和玩具。但是当我们真正地走进这些乡村孩子的世界，去倾听他们的悲喜、感受他们的需求时，才发现需要做的还有很多很多。10多年间，我们曾走进市长、厅长的办公室要政策，也曾经敲过企业家的门借钱。虽然有辛苦，但是我们执着、坚韧、心怀期待，这是因为总有一群公益的榜样跑在我们前面，让我们看到了公益的未来。

魔法教室历届的学长、学姐们不仅在学生时代给我们开辟了道路，还在毕业之后依然投身于公益领域，是他们让"魔法教室"的公益精神得以传承。而社会公益界的各位前辈们更是一天都不停留地跑在公益的道路上，如U来公益的袁丽老师等，是他们在萍水相逢之际给了我们太多的关注和支持。

谈起魔法教室，我们永远年轻、永远热泪盈眶，我们都知道并不是每一个孩子都有机会走出大山，但我们愿意拼尽全力地让他们去追梦想、去热爱。虽然力量微薄，但是"大山里的魔法教室"会一直走下去，这些就是我们的公益故事。

陈奕伦：有请最后一位演讲嘉宾——青春合伙人的青年形象大使黄子弘凡，他曾被约翰霍普金斯大学等六所顶尖名校同时录取，是一名拿着高额奖学金进入伯克利音乐学院的大二学生，也是一位在音乐梦想上不断寻求突破的年轻人。

黄子弘凡：非常荣幸能够作为青春合伙人的青年形象大使出席此次亚布力论坛夏季高峰会并在青年论坛发言。

我现就读于美国伯克利音乐学院，是一名大二的学生。2018年11月，也就是大一下半学期的时候，我参与了一档声乐演唱节目，走进了公众的视线，同时我很幸运地受到了很多年轻人的喜爱。今天青年论坛的主题是"榜样的力量"，我就想结合自身的经历跟大家聊一聊我想成为一个怎么样的榜样。

作为一名20岁的学生，和同龄人比起来我觉得自己要幸运很多，因为我的父母都在音乐学院任教，同时他们对于音乐的执着给了我莫大的动力，不仅给了我良好的学习环境，还在音乐上给了我良好的指导和鼓励。18岁那年，我被伯克利音乐学院录取，大一的假期，在我的声乐老师的推荐下，我参加了《声入人心》，然后顺利地成了一名歌手。可以说音乐是我从小坚信不疑的选择，而我也很幸运，把自己的热爱变成了事业。

不过并不是所有人都跟我一样幸运，我身边其实有很多跟我一样热爱音乐的朋友，他们也在我的影响下渐渐地准备，或者说走上了音乐这条道路，但是他们面对和承受的是来自各方面的压力，比如父母和社会等。他们的父母觉得孩子的选择十分不正确，认为学习音乐是不务正业，甚至有人会认为把歌唱当作自己的职业就跟失业没有两样，最终很多人不得不放弃了自己的音乐梦想。

其实，许多年轻人都有过相似的经历，比如说20岁之前，我们的生活相对比较简单，未来的目标不过是考上一所名牌大学，在即将进入社会的时候，不得不开始思考自己的职业选择和人生规划，渐渐意识到每一个人生道路上的抉择都在冥冥之中影响着自己的人生轨迹。我们中有的人会在外界的压力下变得畏首畏尾，也有的人会因自我的迷茫而放弃自己热爱的方向。青年虽充满力量，也充满着苦恼。就像不同年龄段的群体之间很难相互理解一样，每个人在成长的过程中都会经历自身和外界的强烈碰撞。同理，大学生也会遭遇不同程度的误解和质疑。年轻人正处在一个积极接触外界的阶段，被误解、被否定、有偏见在所难免，但是一个年轻人想要证明自己、想要获得认可，除了不被自己的情绪打倒，更重要的是要学习如何成为一个更好的大人。

很早我就下定了决心，我大学要到国外的音乐学院深造。于是，每天课余时间，我都要不断地练习唱歌，同时录制属于自己的作品集，准备音乐学院的面试。为了给自己争取更多的机会，我当时奔走于10余所音乐学院，即使嗓子唱到沙哑，我还在坚持。现在回想起这段时光，我记得的不是辛苦，更多的是感谢，因为它能让我选择一条不同的路，让我更加有毅力。

我希望每一个年轻人在寻找自己梦想的同时，都不只是停留在自己的想象里，枯燥的过程、机械的反复练习才是你走向自己心之所向的唯一途径，我也希望自己可以这样一直坚定地走下去。

在国外的求学经历让我看到了不同文化下多样的生活环境和生存模式，学到了不同的处理问题方法。作为一个不断成熟的年轻人，开阔的眼界给了我更大的生存空间，这时我决定回国参加一档声乐节目。在那之前我没有舞台经验，我一边兼顾国外的学业，一边努力提升自己唱歌的实力。挤出时间来练歌，来琢磨自己的舞台表演——我的肢体动作、我的每一处小细节，因为我希望抓住这个机会来克服自己对舞台、镜头的心理障碍，同时在更大的舞台上表现自己，让更多的人认识我、认识美声。也是

崛起新秀

　　基于这次的自我突破，我遇到了许多跟我一样在音乐道路上坚持梦想的年轻人和长辈，我发现不同的灵魂也有相同的志趣。我们对于音乐的赤诚和热爱，让很多年纪很小的朋友们了解到了美声，甚至喜欢上美声。我发现一些以前靠自己无法完成的事情，在一群人的努力下成了现实，而这些是我通过突破自己的安全区，坚定地抓住机会实现的。

　　现在我成了一名歌手，有些人开始把我当成榜样，但同样我也只是一名大学生。我想把自己对成长的感悟带给愿意相信我的人，那是我坚持努力、突破自我而收获的美好，我也希望同样年轻的朋友们可以去切身体验一下。在一次机缘巧合之下我听到了青春合伙人的主题曲《青火》，从而有幸接触并了解到青春合伙人这个项目，我发现有很多大学生，一直走在开阔自己视野、接触更丰富灵魂的路上，而我也想跟他们同行。

　　2019年是"五四运动"100周年，"五四精神"经过百年的传承，在当下的时代有了更丰富的内涵。也许遇到困难的时候我们依然很生涩，也许大多数人被家庭和学校保护得特别好，在接触社会时难免会表现出些许不适，也许我们现在做得还远远不够，但我们一直在努力，我们愿意抓住身边的机会，勇敢尝试，不轻易放弃对未来的希望。我们正试图在更广阔的平台上聚集，让青年不因为偶尔的跌倒而失去前进的动力。

　　我也希望看到更多有梦想的年轻人愿意挑战自我，一起在追求梦想的道路上不断前行。我希望自己能成为这样的一个榜样，我也相信每个年轻人都能成为这样的一个榜样。

转型突围

经过40多年的改革开放，现在的我们已经不是最初的我们了，我们有了一定的基础。过去我们可能把更多的钱用于扩大规模、加快发展速度等方面，而今天要把更多的钱用于研发和自主创新。我们必须进行这样的转型。

脱贫事业的那些参与者与实践者们

消除贫困是世界性难题。根据中共中央和国务院的部署，到2020年，中国将实现农村贫困人口的全面脱贫。目前各地的扶贫工作正稳步推进。如何建立一种长效机制，确保贫困人口脱贫后不返贫？如何借助市场的力量增强贫困地区自身的"造血"功能？如何发挥社会的爱心帮扶推动贫困地区实现共同富裕？政府、企业与社会应当怎样发挥各自的作用，推动脱贫这一伟大工程？

在2019年亚布力论坛第十五届夏季高峰会上，国务院参事、友成企业家扶贫基金会副理事长汤敏，东润公益基金会理事长孔东梅就上述问题进行了分享；广东长青（集团）股份有限公司董事长何启强，李巍教育专项基金主席、新希望集团联合创始人李巍，马云公益基金会执行秘书长于秀红，复星基金会理事长李海峰参与了讨论，亚布力论坛特邀主持人朱丹主持了本场论坛。

朱丹：我们这场论坛的主题叫作"建机制保长效，爱心助脱贫"。2020年将全面建成小康社会，意味着到2020年中国的全部人口将彻底摆脱贫困，这是一项伟大的工程。中国脱贫攻坚战得到了国际社会的高度关注，取得的成果也获得了广泛的赞誉。根据国际经验，当贫困人口数占总人口的10%以下时，脱贫就进入了最困难的阶段。截至2018年年底，中国贫困人口为1660万，贫困发生率1.7%，中国脱贫攻坚战真正进入最关键的时刻。

今天参会的各位嘉宾都是来自社会各界且长期致力于扶贫济困并做出积极贡献的各界人士，他们将围绕这个大主题展开讨论、分享经验。首先

变局——中国企业迎战"黑天鹅"

有请国务院参事、友成企业家扶贫基金会副理事长汤敏先生。

汤敏：我的演讲主题是"爱心助脱贫：如何为扶贫和乡村振兴大规模培养人才"。大家知道精准扶贫到2020年就要结束了，是不是之后就没有贫困可扶了呢？不是的。我们现在只解决了绝对贫困问题，未来还有相对贫困问题。未来扶贫跟乡村振兴是一体的，核心就是要做好人才培养。现在一谈到乡村，我们能想到的大多是老人留在乡村，年轻人都出去了。但是大家注意一下，现在全国已经有750万返乡青年。

一个月前我到广西做扶贫调研，看到很多农村企业能做大、做强的关键都在于返乡青年。如果这些返乡青年能有资金、有好的模式、好的师父，他们不但能脱贫，还能把乡村振兴起来。友成基金会在国务院扶贫办的指导下、在企业家的支持下，开始把原来我们运用于农村中小学的模式运用到乡村振兴、精准扶贫上。

5年前我们开始了第一个项目，叫"让妈妈回家创业"。现在农村电商发展非常快，如果每个村子培养一个电商，他就可以把村子的东西卖出去，把城里好的东西买进来，起到桥梁作用。为什么是妈妈？因为现在乡村有很多留守儿童，如果妈妈能够回去，她就可以照顾好家庭。3年时间里，我们在全国6个省1.2万多个村子，每个村子培训了一个"返乡妈妈"做电商。这些村子绝大多数都是贫困县。我们不仅线下培训教她们怎么开机、怎么注册，更重要的是我们有为期半年的"伴随式培训"。我们在全国招募了一大批做电商的志愿者，一个志愿者带二三十人，进行半年的培训，所以我们培训的成功率很高。根据评估，67%经过培训的妈妈都开店了，每个月可以赚到500~3000块钱。这种模式我们还在不断推广。

2018年，我们又把电商的模式继续扩大，开展了"乡村振兴领头雁"计划。返乡青年不仅可以做电商，还可以做产业，把各行各业调动起来。这个计划是友成基金会跟中国慈善联合会、清华大学等联合推动的。这些农村青年不需要到学校去，只需在互联网上学习各种各样的课程，有必修课也有选修课。截止到2019年8月，我们已经在全国范围内培训了2600人。2019年9月1日，这个项目第二期启动，有超过1.2万人报名。这种模式既是精准扶贫，也是下一步乡村振兴很好的抓手。

我们同时也在做长期可持续的高质量教育扶贫。六七年前我们开始把人大附中的课程通过互联网远程连接到贫困地区，推行"双师教学"。"双师"指的是一个远程老师和一个当地老师。目前已经在全国很多地方推广。我们现在正在做"青椒计划"——一个乡村青年教师的培训计划，为期一年。截止到2019年8月，已经在全国20个省的200个县8000多个学校培训了5万多名老师。此外，我们还把各种各样的教学资源引入贫困地区。农村的老师可以减少负担，同时保证乡村的孩子得到高质量教育。

我们现在正在策划健康扶贫。既然老师、返乡青年都可以这样培训，那么村医能不能也这样培训？我们现在正在策划运用互联网医疗对村医进行培训，让高质量的医疗到达农村。

精准扶贫需要大量人才，这些人才跟互联网结合就可以把好的资源送到贫困地区。因此，只有培养好年轻人，才能确保精准扶贫的持续发展；培养好年轻人，乡村振兴的发展就有了新的希望，就有了主力军。

朱丹：谢谢汤敏老师的精彩分享。我们也期待有更多的有识之士加入爱心扶贫的队伍当中，贡献力量。

接下来的这位主讲嘉宾一直秉承着扶贫先扶人、扶贫先扶智的理念，组建了公益基金会，而且长期致力于帮助贫困地区的青少年，改善他们的生活、成长条件，为国家培养新一代具有国际竞争力的创新人才做着积极的贡献。有请东润公益基金会理事长孔东梅女士。

孔东梅：我今天分享的内容主要是对公益事业发展的思考，以及东润公益基金会在公益实践中，尤其是在青少年儿童教育扶贫领域的探索。

基金会作为一种具有现代慈善性质的非营利组织，最早出现在欧美等发达国家。其中，美国基金会因其在组织制度、数量规模、社会影响等方面的优势成为现代慈善基金会的典型代表。

如今，中国已成为世界第二大经济体，通过政府和社会各界的共同努力，我们的公益慈善事业开始蓬勃发展起来，慈善组织数量和规模快速扩大，并已经成为推动社会进步的健康力量。公益慈善事业的发展是与一个国家的经济实力及其增长能力相辅相成的，它不以人的自我意志为转移，而是随着社会财富的增加渐渐发展的，只有社会对慈善需求的不断提升，慈善业才有发展的空间。就目前现有的慈善机构规模和与慈善相关的法律制度来看，我国公益慈善事业依旧处在起步阶段。

这种差距主要体现在两国的慈善规模上。2018年中国的捐赠总额约合754.2亿元，美国是4277.1亿美元，相当于中国的37.5倍；中美两国慈善捐款占各自GDP的比例分别是0.08%和2.1%，美国是中国的25.5倍。由此看来，两国慈善捐赠体量上的差异是悬殊的。

那么从个人的捐赠情况来看，2018年中国人均捐赠54元，而美国的该数字是1308美元，即相当于中国的160倍。另外，对比两国的民间社会组织，中国社会组织数量约为82万家，美国约为200万家。以上这些比较数据说明，中国社会组织资源还是相当薄弱的。

中国和美国慈善捐赠的领域，按照所占捐赠总额的百分比排名，中国排名前五项的是教育、扶贫与社会发展、医疗、救灾减灾和人类服务，美国排名前五项的是宗教、教育、人类服务、基金会和医疗健康。通过中、美两国慈善捐赠领域对比，我们不难发现，不论美国还是中国，教育一直是公益慈善事业的重要捐赠领域。

习近平总书记在中央扶贫开发工作会议上，提出了要把教育扶贫作为治本之计。教育和扶贫是中国现在公益慈善的主要领域，东润公益基金会也顺应社会需求，把重点放在了教育扶贫领域。

"知识改变命运"已成为大多数人的共识，然而对于一些贫困家庭来说，只能勉强供孩子完成九年义务教育。孩子年纪轻轻便出来打工，一没学历，二没技能，造成贫困代际传递的恶性循环。

东润公益基金会自成立以来，一直致力于青少年儿童的教育扶贫领域，从偏远地区、贫困地区、少数民族地区的青少年儿童教育入手进行精准帮扶，一方面能够改善当地青少年儿童的学习及生活条件，使他们获得公平、优质的教育机会；另一方面也能够缩小社会差距，帮助社会更加紧密团结。最终希望通过我们的努力来推动少数民族地区的教育发展，改善中国经济社会发展不平衡的现状。

新疆的贫困问题和稳定问题一直以来都是国家关注的重点问题，贫困也是影响新疆社会稳定的重要因素之一。新疆是少数民族聚集地，宗教信仰深刻影响着少数民族的文化生活与民族教育，尤其对少数民族青少年儿童有着不容忽视的影响。因为地处偏远，信息闭塞，少数民族整体受教育水平偏低，所以在当地开展教育扶贫的难度可想而知。

2017年，在当地教育资源的协助下，我们调研走访了新疆最贫困的地区之一柯尔克孜族聚集地南疆克州。克州地区学生总数15万人，全州自小学到高中的贫困学生有近2万名，生活条件非常艰苦，教育资源也很匮乏。

为了鼓励品学兼优但家境贫困的少数民族高中生更好地学习，我们在克州地区实施了第一届"疆爱启航"东润奖学金项目。2018年，我们把"疆爱启航"东润奖学金项目拓展至北疆哈萨克族及维吾尔族聚集的伊犁州地区。2019年，我们将项目资助学生范围从高中生扩大到小学生群体，惠及学生累计3220人。

同时，我们也关注到留守儿童这个特殊群体。在当下的中国，留守儿童是一个庞大的群体。这个群体的出现，与中国经济发展不平衡以及农村偏远地区改革滞后有着密切关系。2015年贵州省毕节市留守儿童自杀案引起了社会的高度关注，这一事件也促进了社会重新审视留守儿童问题。很多贫困地区的留守儿童长期离开父母，生活在家庭教育缺失、亲情沟通较少的成长环境中，会产生很严重的心理问题。另外，儿童营养不良也会造成健康水平下降、智力发展缓慢、认知功能不全，会使贫困永久化。

国际研究和经验表明，儿童早期发展至关重要，是消除贫困代际传递的重要社会干预手段，人力资本投资是最有效的反贫困政策。投资于儿童早期发展比投资于弥补后期不平等更有效，更能塑造未来；要根本消除贫困必须重视儿童营养，因为儿童营养不良关系世界的未来发展。

从2009年开始，中国发展研究基金会发起了"山村幼儿园"计划。截至2018年6月，已在中西部9省19个贫困县设立了2300所村级幼儿园，累计受益儿童约17万，并凭借出色的成绩和创新的扶贫模式获得了2018年度WISE世界教育创新项目奖。这也是第一个获此殊荣的中国公益项目。

基于对"山村幼儿园"计划的高度认同，东润公益基金会在2018年正式加入这项计划，向贵州毕节市七星关与四川大凉山等贫困山区进行资助，用于校舍改造、招募专业的志愿者老师提供学前教育保教服务，用关爱和陪伴去弥补处境不利的儿童的基础教育缺失。"山村幼儿园"计划，受益的不仅仅是贫困儿童及其家庭，长远地看，这些儿童的健康成长，将会对社会稳定与发展起到极大的推动作用。

国家现在大力推行学生素质教育、艺术教育。相比基础教育，艺术教育有助于帮助孩子改进接受教育的效果，更有助于提高孩子们的创造力，城市打工子弟与乡村儿童的艺术教育也亟须重视起来。

艺术蕴含着战胜贫困的强大力量，它赋予身处贫困中的儿童以骄傲、自信与尊严。身处贫困的儿童受环境的局限，很难有非常强大的自我觉醒意识来突破这个局限。他们需要建立信心，需要拓宽视野；有信心才能有改变命运的机会，视野宽阔才能看到更远的世界。

东润公益基金会积极关注艺术培育领域，与著名小提琴艺术家吕思清先生共同创办"困境学生音乐扶持体系"并组建"星尘艺术团"。通过艺术让孩子远离孤独感和自卑感，感受音乐带来的希望和美好，拥有充实的精神世界，用精神上的富足抵御物质上的贫穷。我们希望用艺术的力量改变贫困儿童的精神状态，提升他们的尊严，努力推动中国艺术教育的均衡发展。

委内瑞拉有一位教育家——何塞·安东尼·艾伯鲁，他在几十年前创办了一套"音乐教育扶持体系"，为贫民窟的孩子们办乐团，让他们摆脱毒品和犯罪，让他们有生活的追求、有精神的希望。他用艺术让贫困的孩子获得精神上的财富，从而战胜物质上的贫穷。到如今，已有约30万孩子在"音乐救助体系"中学习。委内瑞拉音乐救助体系下还有100多支青年乐团、数百支少年和儿童乐团。为"音乐救助体系"服务的音乐教师约1.5万人，其中许多教师是早年在音乐救助体系下学习的孩子，包括指挥维也纳新年音乐会的杜达梅尔。

教育扶贫，关系着一个民族的未来。东润公益基金会的这些实践和行动，都是在践行我们的公益理念，改善中国贫困地区、偏远地区青少年儿童的教育不均衡现状，彻底根除贫困的代际传递，努力推动公益事业的发展。在中国，公益之路还非常漫长，未来公益行业的创新和跨界融合将是大势所趋。

朱丹：有爱就有希望，有爱就有力量，有使命就不怕困难。谢谢孔东梅理事长。接下来，我们进入圆桌讨论环节。

何启强：中国贫困人口主要集中在农村，所以扶贫的重点应该是在农村。我们近十年投资的重点也是在农业地区，主要是解决秸秆的综合利用问题。在这个过程中，我们发现秸秆的综合利用对当地农业人口收入的提升作用是非常明显的。

我举一个例子，黑龙江明水县大概有163万亩*耕地、27万农业人口，以种植玉米为主。我们收一吨秸秆要给200多元钱，大概两亩多地产一吨秸秆，这样下来等于每亩地增加了100元左右的收入。

在扶贫问题上，大家关注比较多的是慈善，但是慈善给钱我觉得可以解决吃饭的问题，但是不能解决贫困或者待脱贫人群的自信和尊严的问题。脱贫里面有一个很重要的功能，就是让现有的贫困人口能够获得自信，能够有尊严。这个问题我在香港请教过一个朋友。他跟国际慈善机构有非常好的合作，在中国做了很多年的慈善。他们的做法不是直接给钱，而是借钱。比如一个地方的牛比较好卖，把牛养大能卖很多钱，但是一开始必须要有一头种牛。而农民没有买种牛的钱，他就借钱给农民买种牛——相当于给种牛。除了给种牛以外，他还培养、培训农民怎么养牛，给他们提供饲料，帮助他们找到好的销售渠道。

后来我问他借出去的钱收回来了多少？他说借出去的钱回收率达到95%——非常高的比例。他说那些农民来还钱时整个人的精神状态完全不一样了。他们通过自己养牛赚钱获得了自信、获得了尊严，而且能够起到很好的示范作用。这就叫授之以鱼不如授之以渔。真正的扶贫就是给农民

---

* 1亩≈666.7平方米。

提供谋生的能力，让农民自己去发展、自己去致富，这是我的看法。

朱丹：谢谢何总。在脱贫攻坚当中最重要的是心理脱贫，要激发起贫困地区人群的斗志、信心，不仅仅是被动地依靠输血，还要自己主动造血。接下来听听李巍李总的分享。

李巍：首先分享一下我做慈善的感受。我很小的时候在一个寺庙门前见过这样几个字："乐善好行"——给我留下了深刻的印象。我要表达一个观点，慈善是人人都可以做的，出钱是一种慈善，出力是一种慈善，出一种善念也是一种慈善。如果每个人都有一种善念，我们这个国家就是一个乐园，每个人都会非常幸福。

接下来说一下我做的慈善方向：一个是针对妇女的，另一个是针对留守儿童的。我用的方法一个是造血，一个是输血。我还设立了一个循环金来做保障。1993年，我先生刘永好与国内其他9位民营企业家联名发出倡议，动员民营企业家们到中国西部贫困地区投资办厂，培训人才，参与社会扶贫。这项倡议及其行动被称为"光彩事业"。"光彩事业"就是一种造血运动。为了响应他的号召，我第二次下海就到了西昌少数民族地区——凉山州，那个地方非常落后。当时去的时候，很多小孩子光溜溜地靠在土墙边看着我们，像看稀奇动物一样。一家人就一件衣服，谁出门谁穿，很贫困。我去的时候便把万寿菊带到了这个最贫困、最边远的少数民族地区。从栽种到建工厂，到最后跟科研院所联合打造出一条工业产业链。当年农民在那个地方种玉米一年只有400元收入，但是种万寿菊一年能获得2000元收入。我还亲自组织编写了第一本《万寿菊栽种手册》，印了一万册免费送给当地花农。这件事情让我很开心，不仅富了一方农民、富了一方水土，同时也为中国的工业行业开辟了一个新的领域——从种花到干花、到提取、到终端产品叶黄素的提取。让我感到最骄傲的是中国现在有很多地方都在种这种花，使很多人富裕了起来，而且中国已经成为叶黄素最大的产出国。这就是造血。

我自己有一个李巍教育基金。在2010年到2011年的两年间，我投资了天津东丽区的10个街区幼儿园，这是第一个项目。这个街区幼儿园就是为进城打工仔的孩子们建立的街区幼儿园。

这个基金还有一个方向，就是为上海50多所学校做生命教育服务，还支持出版了中国第一套生命教育图书，分为教师用书和学生用书两个版本。有了这套教材，我们很快打开了市场。我们还为上海的几十个街区和老年大学做服务。我觉得它是双向的，现在每年有约300个志愿者跟我们签约，她们不是做一次扶贫就可以了，而是要常年站在讲堂上，只在寒暑假休息。她们中有很多人是全职妈妈，这也解决了全职妈妈的问题。全职妈妈是一个很值得关心的群体，她们过去可能经常在家打麻将，但是在这里，通过半年的培训，她们就从全职妈妈变成堂堂正正的讲师、教育员，站在讲台上为学生们服务。他们在献爱心的同时成就了自己，使自己的价值得到了体现，也使很多家庭更加和谐、幸福。

此外，我在云南建立了一个李巍循环金，鼓励在城市里打工的母亲们回到家乡。我们给她们提供创业的机会，让她们回家创业，让留守儿童能够在妈妈的身边成长。

朱丹： 做公益、做慈善不仅是单向的付出，也是一个双向的收获，我们一边付出努力，一边收获着感动、快乐，再次感谢李总。接下来听一听马云公益基金会执行秘书长于秀红女士的分享。

于秀红： 马云基金会是马老师个人创办的基金会，因为他师范大学毕业和当6年英语老师的经历，所以一开始我们就把重点领域锁定在教育领域。在公益上，他一直强调慈善是扶贫，公益是脱贫，更是要致富。这也是指引基金会开展工作的一个基本原则。我们的基本方法就是用高效透明、结果导向的商业式运作产出更好的结果。我们关注乡村教育最主要的是希望推动乡村儿童的发展，因为教育最终是关乎人的。现在我们的"教"做得很好，但是"育"做得不够，特别是对农村的孩子来说，更是如此。

转型突围

陕西师范大学和斯坦福大学的研究指出，乡村只有30%多的孩子是可以进入高中的，能够进入大学的更是个位数。其他孩子的出路怎么办？除了高考以外，是否可以找到其他出路？这是我们基金会在探索的同时也希望大家能够去关注的问题。

基金会的策略是去培养和支持能直接改变孩子的老师和学校的领导者（校长），这些人的发展是我们工作的重点；同时通过基金会在寄宿制学校开展试点工作，探索出一套寄宿制学校管理运作模式。这就是我们所开展的系列乡村教育人才支持计划——从乡村师范生到乡村教师，再到乡村校长领导力的三年激励和提升计划。为了更好地从根基上提升教师的素质，我们从2019年开始持续和一些民族地区的师范大学合作，比如在西藏、新疆地区，长期致力于提升落地师范学校的能力，帮助他们培养自身的教师和借助他们的能力去培养一线的教师。

在5年经验的累积上，我们希望能梳理一套使乡村教师真正成长的专业体系，将做得非常好的案例和方法通过互联网传播出去，让更多的教师和校长从中受益。我们的定位就是树立标杆、做试点，有了经验之后，希望让更多的企业、更多的合作方一起参与进来，唤醒意识，尽量让更多的人都参与进来。

朱丹： 接下来有请复星基金会理事长李海峰先生做分享。

李海峰： 复星董事会有一个决策，每年拿出不低于0.5%的利润投入公益活动，主要由复星基金会操办。复星基金会主要集中在教育、文化交流、扶贫领域。在扶贫方面，我们目前在做的最核心的还是乡村医生辅导项目。中国约有150万名乡村医生，但他们在保障性方面更弱。因此，如何能够守护他们，让他们能够在健康保障方面做出更大的贡献就变得尤为重要。复星启动乡村医生项目以来，以复星基金会、中国福利基金会、中国光彩事业基金会作为执行机构，围绕着守护、赋能、激励村医三个方向，通过派驻点扶贫队员的方式开展系列帮贫工作，截至2019年8月已经覆盖了全国13个省、市、自治区，52个国家级贫困县，其中有9个县在山区深度贫困地区。这个项目给15000位村医送去了各种意外保险和重大疾病保险单，主持了大概近100场乡村医生的培训，已经为34个县发放了每县20万元乡村医生的慢病签约管理基金，有效地救助了116例贫困的大病患者，升级了乡村医生卫生室大概300间，总投入资金已超过5000万元。这些行动已经惠及200多万贫困人口。

复星特别希望运用复星的资金实力、人才实力和这份情怀，再加上在大健康领域的各种资源，在卫健委的指导下、在各方的帮助下，把乡村医生项目做好，不仅要做到2020年，还会做5年、10年、20年，一直持续做下去。

朱丹：今天大家分享了很多感人故事。贫困仍然是世界性难题，全球尚有7亿绝对贫困人口，中国这样一个占全世界总人口近1/5的国家，即将彻底告别贫困，整体迈进小康社会，这是人类发展史上的一个奇迹，我们都是这个奇迹的见证者、参与者和推动者。

迈向健康中国

中国作为一个大国，14亿人口的红利依然存在，健康中国是实现中国梦的必备条件。随着人口政策的调整和健康中国的建设，大健康已经成为未来重要的经济增长点。面对历史机遇，企业如何快速抓住并有效利用？在实践探索过程中，又将会遇到怎样的困难与挑战？都是值得深入探讨的问题。

在2019年亚布力论坛第十五届夏季高峰会上，正略集团董事长赵民，天明国际集团创始人兼董事长姜明，九州通医药集团股份有限公司副董事长刘兆年，同创伟业创始人、董事长郑伟鹤，歌礼创始人、董事会主席兼首席执行官，上海药物研究所新药产业兼职研究员吴劲梓，中国医药创新促进会执行会长宋瑞霖围绕这一主题展开了深入探讨。亚布力论坛创始人、主席，元明资本创始人，迈胜医疗集团董事长田源主持了该论坛。

田源：大家下午好！大健康论坛现在开始，在场的嘉宾基本上都是大健康各个领域的领军人物，深耕多年，对整个中国大健康行业非常熟悉。今天我们一起对迈向"健康中国"的机遇和挑战进行探讨。

首先请宋会长给我们分享一下，您作为中国新药研发最重要的协会会长，在过去5年中看到的这个行业的发展变化是什么？挑战是什么？未来会有什么好机会？

宋瑞霖：谢谢。我先抛砖引玉。医药行业是健康的支点。我们希望一辈子不吃药，但是这仅仅是希望，你不可能不吃药。

中国新药研发的兴起是最近十几年的事，严格来说是从2006年以后，创新驱动成为一项基本国策，成为经济发展的引擎，在中央文件中被正式确立下来。2008年国家开始实行16个重大专项，其中有一个就是新药创制重大专项。

截至2019年7月，专项支持的139个品种获新药证书，其中44个是一类新药，该数量是专项实施前的8倍，进步速度非常快。我说的新药是纯粹的、真正的新药，歌礼的丙肝药就是这44个新药中的一个。

中国新药研发的提升有以下几个因素。

第一，国家对创新的高度重视。

第二，改革开放40多年所积累的成果中，其中一个重要的成果就是人才积累。中国有许多像吴劲梓博士这样的人才，他们在20世纪80年代初出国留学，出去的时候还是毛头小伙，现在白了头也从学生变成科学家了，在国际大药厂经过历练回来后研发出了好多个新药。中国为什么腾飞？是因为中国人和过去不一样了，我们现在不仅见识了世界，同时也懂得了这个世界。我自己算了算，中国现在做新药研发的人中95%都是海归。中国有一个"千人计划"，这个"千人计划"支撑了中国的新药发展。

第三，中国药品管理制度发生了重大的变化。从2015年开始，中国对于新药的概念发生了改变。以前新药是指在中国首次上市的药；现在则是"全球新"，即在国内外首次上市——门槛提升了。现在中国的新药有两类：第一类是全球首次上市的新药；第二类是改良型新药，做的是me-too，但me-too不能越学越坏。

中国目前进入了有新药的阶段，近期国家药品监督管理局批准了创新药本维莫德乳膏上市，这是治疗皮肤病湿疹的药。它在中国以外的所有权被GSK（Glaxo Smith Kline，葛兰素史克公司）购买了，这是基于现在的新药政策发生的重大变化。里程碑性的文件是2017年中共中央办公厅、国务院办公厅印发的《关于深化审评审批制度改革鼓励药品医疗器械创新的意见》,其中有36条,我们对外称为医药改革36计,这36条使中国的药品审评标准和国际完全接轨了。所以,我们现在迎来了一个新的春天。

当然,还有很多问题和困难不是一个文件就能够彻底解决的,我们还需要更多的时间和空间。但是我认为医药是一个有仁者之心的行业,是一个朝阳的产业,是一个永恒的产业,我对未来充满信心。

田源: 谢谢宋会长。吴总是在政策阳光的沐浴下成长起来的,请讲讲没有政策的时候是什么感觉?现在是什么感觉?

吴劲梓: 我于2011年回国,当时中国监管政策还没有改变,研发人才很少,有很多困难。当时的想法是,既然有困难,那克服了困难就一定有成果。2015年,监管政策方面有了一个巨大的飞跃,给我们这些做创新药的人带来了非常好的红利。

歌礼用5年时间做了第一个刚才宋会长说的一类新药——中国首创的慢性丙肝药,用药12周可以达到97%的治愈率。

从新药角度来说,我们确实在慢性丙肝领域做了一个创新药,已经批准上市。2018年,我们治愈了3000多万名慢性丙肝患者,也向很多用不起药的慢性丙肝患者进行捐赠。2020年,我们另外一个慢性丙肝新药应该也会上市。我认为中国的慢性丙肝问题,从新药研发的角度来说已经得到解决,现在关键就是可及性。

除了是丙肝大国外,中国还是乙肝大国,目前全国还没有治愈乙肝的创新药,所以我们也在做慢性乙肝的免疫疗法,希望能够治愈中国一亿乙肝患者。我们有时开玩笑说,我们研发出了慢性丙肝创新

药,相当于拿了全运会的冠军,下一步我们希望能治愈慢性乙肝,拿奥运会的冠军。

中国药企怎么走向世界?一定要做创新药,而且要解决重大疾病问题,像慢性丙肝、脂肪肝等病,这样我们才能在全球舞台上和跨国公司同台竞技。

做一类新药成功的概率远远小于失败的概率,很少能成功。一个创新药十年磨一剑,约需要10亿美元的成本。实际上成功的创新药并不一定需要那么多,但把失败的加在一起,平均来看,一个成功的创新药要10亿~15亿美元。

做一类创新药的成本主要不是生产成本,研发成本才是大头。一类创新药,上市以后要有安全监测系统,要对患者负责,而建立这个系统也要花很多投入。这与仿制药不同,仿制药只需随原研药就可以,不需要监测系统。在我们的慢性丙肝新药上市前,我们建立了非常完整的安全监测系统,将来我们治愈慢性乙肝的创新药同样需要这样做。在一类创新药中,最小的成本就是生产成本,只占5%~7%。

谈到创新药的可及性,我认为国家在考虑药物价格、医保政策的时候一定要将创新药,特别是一类创新药的研发成本考虑进去。如果没有医保政策的支持,没有国家的支持,我们很难做持续性的创新。

田源:谢谢吴总。做创新药的确非常不容易。当年,吴总辞去GSK副总的职务后回国做新药,如今新药做出来后已经治愈了三千多万名丙肝患者。像他这样的科学家对社会的贡献是非常大的。正如宋会长所讲,当前全国95%做新药的公司都是由海归领导的,吴总就是其中的一个代表性人物。

请问同创伟业的郑总,你投资了很多新药公司,对这件事是怎样看的?

郑伟鹤：我从资本的角度跟大家分享一下。这几年资本市场，尤其是国内市场，让大家感到非常兴奋。其中有几个案例，比如药明康德的私有化回归、迈瑞的回归、科创板上市等。

迈瑞当时私有化的时候市值是200多亿元，而现在的市值是3000多亿元。资本市场给的价格好，这几年它们的增长也较好；还有药明康德，当时私有化回归的时候谁也没想到"一拆三"还有那么大的估值；最近上市的微芯生物更是给生物医药企业创造了一个奇迹，一开盘它的市值一度超过500亿元。确实，中国的资本市场给医药企业的估值实在是太高了。

这是我想说的第一点，中国医药市场有很多超预期的东西。

第二点，我想跟大家分享一下科创板。

科创板也是非常新的东西。截至2020年4月29日，科创板已上市企业已达100家，生物医药行业类企业为25家，其中高端医疗设备类的较多，有14家。创新药企业烧的钱更多、持续时间更长，国内投资人没有这个耐心，基本上都是美元基金在培植它们，因此在海外上市的多。

有些企业也在考虑是选择香港还是内地上市。我们投资的启明医疗，是做心脏瓣膜产品的，原来在科创板排名很靠前，但后来转向去了香港。目前我们看到的这些企业上市给的估值很高，但其实上市难度是很大的。我们还比较幸运，这几年投资的有汤辰药业、信达国际、天智航三家上市了。

内地科创板对医药企业的要求是：没有盈利的企业需要约40亿元的估值，而香港地区只需15亿港币的估值就可以了。从某种意义上讲，在香港上市比在内地上市容易得多，但在香港上市，无法获得很高的估值，这是一个比较大的区别。我们有一个案例——信达国际。在内地的锁定期比较长，要一年；而在香港，机构投资者的锁定期半年就可以了，我投的不是很多，于是过了锁定期就出来了，获得了4倍的盈利。另外，香港市场流动性也较好。我觉得从资本市场来讲，香港市场也是一个选择。

这几年医药企业的投资非常困难，PE（Private Equity，私募股权投资）可能都变成韭菜了，因为很多企业没有盈利。医药投资存在非常大的风险，我认为，它更需要专业投资人。

我还想说一下国内的二级证券市场。确实，头部企业的估值溢价比较高，关于这一点，香港地区的证券市场也一样。我还真不敢追这些高点，包括创新药和头部企业的项目，但还是要投好的项目。总的来讲，我们这几年基本上还是在初创期做一些培育和挖掘，但周期确实比较长。用我的话讲，投生物医药企业还是要有足够的耐性，十年、八年可能都见不到收入，更见不到利润。假如大家要涉入这个领域，这确实是一个漫长的过程，但同时也是一个激动人心的过程。

田源： 你分享得非常好。以2015年为分水岭，近年来的政策有较大的变化。这个变化，说白了就是一件事——向国际看齐。比如，新药审批进入临床阶段后，从报给药监局到拿到批文的时间，以前从一期到三期排队就要4年，现在只需60天。

这个时间实际上很重要。因为做创新药涉及专利的问题，专利有一个保护期。而专利从申请之日开始计算保护期。如果审批时间过长，新药出来后还没卖到高点保护期就过了，接着仿制药就出来了，做创新药的企业就赚不到钱了。

新药生产出来了，患者怎么能用上这个药？进医院、配送等中间需要各种服务，刘总的九州通就是做这件事的。请刘总讲讲您对"健康中国"的机遇与挑战的看法。

刘兆年： 九州通主要是做医药分销的。

我先谈一下目前医药分销的发展趋势。通报一下目前我们整个医药分销的发展趋势。2019年上半年，国内药品终端市场的销售额比2018年同期增长5.8%，2018年上半年同比增长6.9%，2017年上半年同比增长7.8%，总体看来，医药分销行业增速在逐年下滑，但医药分销集中度在提高。

我分析了一下整个医药行业的发展情况，发现最近5年都呈下滑趋势，但是排在前10位的医药分销企业销售和增长幅度仍然较快，排在前5位的医药分销企业2019年上半年比上一年同期增长10%以上，这表明医药分销行业的集中度在提高，大企业越来越大，做得越来越好。中国医药分销企业有13000多家，量非常大。截至2018年年底，美国排在前3位的医药分销企业销售额所占市场份额达90%以上，日本排在前5位的医药企业所占市场份额近70%，而中国排在前10位的医药分销企业所占市场份额约为32%。我的看法是，中国医药分销行业的整体增速会放缓，但集中度会逐渐提高。

医药分销行业目前遇到的问题还是很多的。2018年出现了长生生物"黑天鹅"事件，2019年医药行业也不断有爆雷事件发生，这对医药行业整体影响不太好。同时，我觉得国家在医改方面的政策也还有很多不确定性，医药分销受国家的管制仍然比较多，包括国家招投标、选定配送商、进行结算等，加上很多地方政府在强力干预医药分销的整个流通环节等，从这个角度来看，它的市场化程度还有待提升。未来医药流通行业市场化会达到什么程度，我们不知道。但国家医保局成立以后，做了很多事情，包括前段时间推行的"4+7"政策，对医药行业的影响比较大。

现在看来，未来分销行业最有意义的市场还是基层医疗机构市场。整个医药市场分为三大市场：一是二级以上医疗机构市场，这个市场占了67%左右的市场份额；二是基层医疗机构市场，占了10%左右的市场份额；三是药店、诊所市场，占了23%的市场份额。这三大市场中，基层医疗市场是最小的，为什么这么小？主要是因为2009年国家推行了基本药物制度，只允许基层医疗机构售卖520个品种的基本药物，很多药品不在基本药物范围之内。所以有些老百姓不到基层医疗机构去看病，一方面是基层医疗机构大夫的水平不高，另一方面还缺少合适的药品。从2017年下半年开始，国家对基层医疗机构实行分级诊疗，把基层医疗机构的基本药物目录放开了，与二级以上医疗机构的药品目录打通，因此现在很多慢病用药可以到基层医疗机构购买了。药品结构中最重要的一个是大病用药，另一个是慢病用药，这两个用药都花钱多。在所有的药品结构中，70%左右的药品都是慢病用药。所以我认为以后基层医疗机构的药品销售份额会大幅度提高。

九州通的市场主要是基层医疗机构和药店、诊所，而大医院较少。国家整个医改政策的变化，包括未来的发展趋势，对我们九州通非常有利。比如，2018年基层医疗机构的销售比上一年同期增长了49.55%，这就表明基层医疗机构药品销售量是在逐渐提高的。

另外，现在医保支付体系问题比较多，以后健康保险应该是一个非常好的领域。目前的社保、医保管理还不太规范，我认为社保应该"商保化"。

田源：前面讲的基本都是西药，现在开始讲讲中药。姜总现在以振兴中国中医、中药为己任，做了很多的准备，就"健康中国"的机遇与挑战，从你的角度，你是怎么看待这个发展形势的呢？最近有什么好的变化？下一步有什么计划呢？同时有什么好的机会给大家推荐推荐。

姜明：大家都关注健康，因为健康是1，没有健康什么都谈不上。我想，要想使人们健康，西医、中医都不可少。中华文明有5000年的历史，四大文明古国中，为什么只有中华文明还延续至今？就是因为中国有中医，这才使得人在历次的瘟疫中没有大面积死亡，从而延续到现在。

用习近平总书记的话说，中医药振兴迎来了天时、地利、人和的大好时机。2019年5月，第72届世界卫生大会通过了《国际疾病分类第十一次修订本》（ICD-11），首次将传统医学纳入其中。这是一个里程碑事件，中医药正式接入国际主流医学这一分类体系。屠呦呦受中医启发，发现了青蒿素，获得了诺贝尔医学奖。《人民日报》也发表评论员文章说：擦亮中医药，文章认为中医在"健康中国"中起

着重要作用，并提了三句话：中医在治未病中起着关键作用，在重大疾病的治疗中起着协调作用，在疾病康复中起着引导作用。

习近平总书记强调，中医药学是中国古代科学的瑰宝，也是打开中华文明宝库的钥匙。我现在就是选择未来做中医。

中医药人才很缺乏。2019年"两会"的时候，我提出恢复重建张仲景国医大学，用传统的中医来培养中医人才，同时建一个以中医大学为基础的中医药产业链。

田源：姜总讲了中医的方方面面，特别是传达了习近平总书记的指示，看来中医药行业是一个重大的机会。

现在请赵总谈谈。赵总是做咨询的，咨询行业的人看得比较全面。

赵民：我特别想借这个场合表达一下我对"健康中国"、大健康产业的观察和分析。

首先，在过去20年当中，以市场化创新带领中国走在世界前列的是互联网行业，这是大家公认的。展望未来20年，还有什么产业可以和互联网产业相提并论？当然要数人工智能。国务院为人工智能专门发布了一个国家级的规划纲要，这是以往所有行业都没有过的"待遇"。但是人工智能的特点是分布于各行各业，像空气和水一样，帮助各行各业解决问题，而且人工智能和互联网高度结合，和大数据结合。从人工智能人才的来源来看，在大学里他们和自动化、计算机、软件等学院联系紧密。所以在某种程度上，人工智能并不是完全独立的学科。而物联网也是如此。

再就是大健康。比尔·盖茨很早就说过，他如果不做微软就会做另外一个行业——生物医疗。生物医疗换作我国的说法就是大健康。

从监管上看，互联网这个行业一开始是没有监管的，政府是放开的，但大健康、生物医药很早就有监管。在过去很多年中，国内和国际的标准没有接轨，因此中国没有产生世界级的生物医药公司和大健康公司，这也是可以理解的，什么样的土壤长什么样的树，什么样的制度产生什么样的公司。但2017年10月8号新华社刊发的"两办"文件使国内标准与国际接轨了。

从创业人才来看，互联网行业早期的创业人才以一拨一拨的海归为主，而现在，当然也有海归企业家，但同时阿里的马云、腾讯的马化腾、小米的雷军、美团的王兴、滴滴的程维、京东的刘强东等一大批本土企业家欣欣向荣。所以从整个产业发展历史来看，内地的科创板和香港地区的证券市场允许同股不同权公司上市，我认为只是揭开了第一拨生物医药大公司的面纱。

在座的各位，不管你多大年龄，大健康行业肯定是一个可以不换主业一直干下去的行业，发展势头还在后面。这个行业是可以融合到中华民族伟大复兴的过程当中的。我觉得国与国的竞争中，有一支队伍就是企业家队伍，有一条战线就是企业家战线，如果大健康领域没有出现一批优秀的、世界级的中国企业和企业家，这个梦想就会差很多。

最后，大健康行业和15年前的互联网行业、20年前的汽车行业一样，行业领先城市和省份还没有确定。布局大健康行业，理论上讲每个人都有机会。

大健康产业跟互联网行业不一样，它是唯一可以带动第一产业农业、第二产业工业、第三产业服务业的行业。比如，看病可以通过互联网；且中药材又需要有农业，中西部很多山多、湖多的地方，在大健康产业中就可以形成自己的独特优势、区位优势和产业优势；另外，大健康跟金融服务、物流也高度关联。

所以，可以想象一下10个以上的省份和20个以上的城市在整个大健康产业不同的价值链上占有重要的龙头地位，拥有一批领袖企业，这个结构的调整就是财富的重新分配、创业机会的重新展现，也是优秀企业家队伍的重新布局。所以不管是中部地区，还是西部地区，都有机会。

在中国城市产业布局中，未来10年在大健康领域会形成新一轮的竞争和布局，因为这个产业足够大，这个产业在全世界都是一个独立的产业，而且有政府监管、有政府预算。

田源：赵总谈到了大健康产业与中国整个第一、二、三产业的关系及其未来的发展前景。其实，我们应该很赞成他的观点，比如，吴总您5年前不敢想象做西药的公司市值能达到1000亿元吧？

吴劲梓：确实。但你要看看世界500强企业中的大药厂，市值都是万亿元级别的，所以我觉得做创新药前途无量，但一定要做全球性的药，否则就做不成。无论哪个大药厂，都是做全球性的药，解决全球性疾病。

赵民： 2019年世界500强排名出来以后，有学者专门对中国500强的行业结构和美国500强的行业结构做了一个对比，结果显示：中国优势最大的是房地产，最弱的就是生物医药。

宋瑞霖： 我再补充一下。赵总谈到在世界500强企业中，中美医药行业有很大的差距。比如中国的恒瑞，那是我们最牛的企业，现在的市值4000多亿元，但它近90%的收入来自仿制药，约10%来自创新药。现在它在全球医药上市企业中市值排名第24位，但和前面的第22、第23名以及后面的第25、第36名有很大的区别：它们80%的利润来自创新药，因为有专利，对市场的抗压能力就强。而中国的医药企业，只要医保局把手一紧，股价就往下跌，原因就在于卖的都是有竞品的产品。所以，我们一直强调，中国的医药企业要创新，投资也要投创新企业。

我讲一个具体的例子。第一代肺癌药品4年前的价格是一个疗程15000元，现在一个疗程490元，就是因为有竞品。所以，做投资也好，做产业也好，都要创新。如果今后出现总部设在中国的跨国制药企业，在它的整体构成中主打产品不会超过5个。有很多公司跟我介绍时说，我们现在有200多个药号。我说，你一定是老国企转过来的，而且基本上都是不挣钱的。如果我只有3个品种，每个都挣钱，就像微芯一样，这样我们就看到了未来的价值，也证明了你的创新能力。

破解在线教育难题

近年来在线教育获得了快速发展,有业界人士分析在线教育在政策、资本等大环境的助推下,已经进入下半场。不过也有人提出,在线教育目前还处于发展初期,根本不存在下半场之说,那究竟当下的在线教育行业现状如何?在线教育接下来要如何突破现状,获得新的发展?在信息技术飞速发展并与教学深度融合的趋势下,未来的教育又会走向何方?

在2019年亚布力论坛第十五届夏季高峰会上,义学教育-松鼠AI 1对1创始人、首席教育技术科学家栗浩洋,"凯叔讲故事"品牌创始人兼CEO凯叔,掌门教育创始人兼CEO张翼,顺为资本合伙人赖晓凌围绕这一主题展开了深入探讨,亚布力青年论坛理事、YoKID优儿学堂创始人兼CEO苏德中主持了本场论坛。

苏德中:大家好,欢迎来到教育论坛。我是苏德中,亚布力青年论坛理事、剑桥大学心理学博士、YoKID优儿学堂创始人兼CEO,今天由我来主持本场论坛。

这场论坛的主题是"在线教育的下半场",我认为这个名字取得不太精准。"下半场"含有一种快结束的意味,但其实在场的各位嘉宾都是在2014或2015年才成立公司的,都还在研发阶段。如果以孩子来比喻,幼儿园都还没毕业,怎么都谈不上是下半场。

各位初创的在线教育企业在各自的细分领域走到头部位置,你们觉得自己企业做得最对的东西是什么?是什么让你们可以暂时领先市场?目前最大的挑战又是什么?

栗浩洋：我们现在能够走到在线教育的头部位置，我觉得做得最对的事就是对用户的感受和效果的把握。

有很多央视导演、媒体主编、行业名人都把孩子送给我们，为什么？我们能让孩子从"厌学"到"爱学"，这在传统教育中其实是很难做到的。

有些孩子很聪明，却学不好，为什么？因为他觉得自己聪明，老师讲得太简单，就不爱听，这样学习就不好，受到老师的责骂后就会厌学。对于这类孩子，你让他快速学习，他反而能够非常快地提升上来。

还有一些基础很薄弱的孩子，我们叫"学苗"。我们应该慢慢地去呵护，教的速度慢一点，让他们学的内容简单一些，让他一点一点地听懂、学会。

我们用AI真正地实现了个性化教育，让口碑变得不一样。我们2019年上半年的正式付费用户比2018年同期提升了百分之八九百，其实就是口碑的力量。做教育，口碑很重要。

凯叔：我特别同意德中的观点，说在线教育进入下半场还为时过早。

变局——中国企业迎战"黑天鹅"

现在国内在线教育企业绝大多数都还没有盈利,处于吃奶、学习的状态,在这样的状态下,不管它的竞争有多激烈,整个行业一定还是上半场,而且是上半场的早期。

我们可能是一个比较"奇葩"的物种。我们是从给孩子讲故事、做内容开始进入教育领域的,如果说什么东西做对了,我认为是对产品的极致追求。

我们公司从成立到现在只有6年的时间,但我们已经有一大批产品了,研发周期基本都是两三年,最少的也要一年。比如《凯叔·西游记》,作者是我自己,光文案就写了70万字,花了3年时间,后来整理成40万字,录制成音频故事。研发《凯叔·诗词来了》也花了整整3年的时间。我们从一开始就是这么做的——追求极致。

我觉得我们这一批企业运气比较好,当我们下定决心开始创业的时候,其实市场上有一些领域还处于蛮荒状态,比如儿童内容。当我们决定专心做儿童内容时,旁故四周,整个市场原创者少之又少,用心做内容的也是少之又少。把产品做出来后,我们算了一笔账,音频内容成本在500万~1500万元,这在整个市场来看都是一件不可想象的事情。一方面是投入的资金成本,另一方面是高昂的时间成本,只有双方面的投入,才可能产生这样的效果。

做一个好产品、极致产品,对我们来讲,是三个词——快乐、成长、穿越。

快乐是最难的。要有教育目的,让每个孩子先体验快乐。如果这一关过不了,根本就不会有后来的一切。因为我们是在线的,而不是在学校集中在一起的状态。

如果只是为了给孩子带来快乐,那竞争对手就是游戏。但作为一个儿童教育工作者,消费者对你的期待又是什么?那就是必须给孩子带来成长。每一个产品的教育目的是什么,围绕这个教育目的如何搭建让孩子成长的阶梯?这是成长。

第三个关键词叫"穿越"。你到底为谁做产品?我们认为不仅为现在的孩子,也应该为二三十年后的孩子做产品,要保证那时候的孩子在体验你的教育内容、教育产品时依然能体会到这种快乐价值和成长价值。那别说500万元、1500万元，再高的成本我们也愿意投进去。因为第一，它有巨大的社会效益；第二，它的边际成本会逐级下降，边际收益会逐渐上升，这笔账也是算得过来的。

所以，最关键的是对产品极致的追求以及对目的的拆解。

苏德中：刚才浩洋和凯叔都说内容是胜负的关键，现在我们也来听听掌门教育创始人兼CEO张翼的看法。

张翼：凯叔刚刚提到了对极致产品的坚持，我对这一点也深有感触。其实过去几年，在线教育有不同的产品和赛道，但是我们一直坚持两点。

第一点是个性化，把个性化做到极致。因为在线教育是很新的东西，在这个阶段效果是最重要的，极致的个性化是当时最强烈的追求。市场的空白是什么，或者什么是最有价值的，我们就去做什么。在传统的课堂里个性化是非常奢侈的东西，所以我们从一开始对所有的场景、产品的定位和要求就是极致的个性化。

第二点，我们一开始就坚持补中，不是补差，也不是培优。为什么是补中呢？其实做老师跟做企业是一样的。在企业中有一个原则——二八原则，20%的人产生80%的效能。做企业的人最担心的是20%的员工出问题，老师也是这样，每天关心的是后20%的人会对前20%的人造成影响，这就导致大量中等学生很难受到日常的关照，这个问题很难一次性得到解决。所以，我们一开始就坚持把重点放在中等学生上。

我们做了很多全智能化的东西，可以做到班上60个学生，每个人上课的课件都不同，最后的作业也不同。这两年的坚持让我们一直做到现在。每个人都在经营企业，大家都在不同的赛道，贵在对不同赛道的坚持。

苏德中：刚才三位发言嘉宾都是从企业掌舵手的角度去看问题，都说自己将内容做到了极致、做到了个性化，都是以内容为王。但是从投资者的角度来看，我相信同质化的产品肯定是有的，赖总，你们如何判断和选择优秀的企业呢？

赖晓凌：回答这个问题之前，我想说一下下半场的问题。我是做投资

的，跟你们可能有不同的视角，但我也认为在线教育今天还没到下半场。任何一个生意、任何一家公司的成长一定是波浪式的，而且每一个后浪会比前浪更高。2014—2018年的这四年，我们这帮VC（Venture Capital，风险投资）已经投资了很多公司。但现在属于一个休整的状态，是阶段性的，而且这跟大环境有关，今天不止在线教育碰到了一些融资困难，整个大环境都是这样的。在线教育这条路还很长，还有更大的空间、更大的市场，还有更多的事情要去做。

我们怎样选择一家优秀公司？我们遵循一个原则，就是尽可能去选择新的、跟以前不一样的企业。新，体现在几个方面。

第一，内容相对来说是新的。K12（Kindergarten Through Twelfth Grade，学前教育至高中教育）、素质教育、艺术新不到哪儿去，几百年来基本都是这样的，所谓的"新"更多的是展现形态的不同。比如"凯叔讲故事"，我相信100年前的父母、爷爷会给孩子讲故事，10年前的我们通过MP3、卡带机也会给孩子们讲故事，但是今天我们换了一种形式——用特别磁性的声音来讲故事，一样是西游记的故事，但是它已经变成了一个新的事物。

第二，服务形式新。比如张翼张总，他们用一种新的技术，实现了个性化，把一个班上六十几个学生全都照顾到了。这其实就是利用一个新技术使服务形态发生了变化。

第三，我认为是新场景——新的技术和新的内容叠加出的一个新场景。

苏德中：资本追求快，考虑利益，而做教育必须有一份情怀在其中。如果做极致的内容，那必然是慢的。我补充一个问题：企业发展的速度与极致的内容及财务回报之间是怎样平衡的呢？

赖晓凌：这个问题其实也是前一个问题的延伸。比如，我们投资凯叔，在天使轮、A轮的时候很难去确定这个产品是不是极致。其实，我们选择的不是极致的产品，而是一个快速迭代的创业者。很强的学习能力、执行能力，带来的结果一定是很强的迭代能力。很强的迭代能力，再加上新技术，就能够使产品以最快的速度得到完善。如果迭代速度足够快，资本退出周期就会压缩，而如果用传统模式，退出周期肯定会很长，这也是VC更愿意投资一些新技术驱动的新模式的原因。

凯叔：慢，要看是什么情况下的慢。是不是为了以慢打快？

我最近在看一本书，叫《大战略》。这本书特别有意思，把战略分成两种：一种是狐狸，一种是刺猬。刺猬只知道一件事，而狐狸知道很多事。所以狐狸这样的创业者，容易被很多风向左右，但他是灵活的。刺猬这样的创业者，他非常笃定地相信自己所坚持的东西，一条路走到黑，非常坚定，但一旦这条路选错就必死无疑。

一个真正好的创业者，既是狐狸也是刺猬，他知道追逐的方向是什么，以及它的底层原理是什么。但什么是可快甚至可变的？就是周遭环境。林肯说过一句非常著名的话："目标非常重要，但是目标不能帮你达到目标。"这时候你需要迂回、需要吸收很多营养。

从我们做内容的角度来说，表面上看《凯叔·西游记》做了三年，《凯叔·三国演义》做了两年多，《凯叔·诗词来了》做了三年，一个个都花了那么长的时间，但如果产品做好以后变成了一个竞争壁垒，那你的慢就会变成别人的慢，你早期的慢就会变成后来的快。当这些壁垒形成一座城墙的时候，你的速度是别人拦不住的。所以，什么要慢，什么必须快，要分清楚。

栗浩洋：对于创业者来说，找到长线投资者非常重要。

景林当时投资我们的时候，我们几乎一个学生、一家学校都没有，发展到现在在全国已经有2000多家学校了。两年时间里它的投资获得了七八倍的回报。但实际上，它的目标不是七八倍的回报。在新东方、好未来上市以后他们还投资了几十亿元，不管是上升还是股价腰斩，始终坚定地跟随。我觉得这就是长线投资者，他们看到的是整个产业6000亿元的市场，是行业的长远发展。我们的另外一个投资人是SIG海纳亚洲创投基金，他们在还没有人投资今日头条的时候投资了今日头条，也在没人懂我们的时候投资了我们。

所以，当你找到这种投资人的时候，你会感觉到非常幸运，因为在董事会里大家制订的是5年、10年、20年的长期战略。

苏德中： 大家都是内容和技术背景出身的，企业在初创期可能是靠内容、技术跑赢对手，但是公司规模大了就涉及团队管理问题了。我想问，各位公司规模有多大？管理了多少人？管理上最大的挑战是什么？

栗浩洋： 我们公司现在有1700多名员工，全国有2000多家学校，有将近2万名合作学校的员工。

管理中把每一个板块的"头儿"找好很重要，要都找行业里最强的。我们当时1亿人民币估值的时候就找了10亿人民币估值公司的人来帮我管理，比如CTO（Chief Technology Officer，首席技术官）樊星在腾讯、盛大都做过管理，以前管理的产品有1亿用户、2000万日活。当松鼠AI还只有1000个用户的时候，找来了樊星，我就知道未来10年、20年不用担心了。当每个板块的"头儿"都是这样的人，你的管理就会很轻松。所以我觉得核心人才是第一位的。

苏德中： 小公司靠什么吸引到人才？

栗浩洋： 在这方面我有两个理论。

第一，癞蛤蟆理论。癞蛤蟆为什么能吃到天鹅肉呢？因为它盯天鹅肉盯了一百次、一千次。我们公司很多人是经过两年、三年甚至四年的联系，聊过几十次才挖过来的。

第二，用谈风投的方式去挖人。每挖一个人，我至少要跟他谈六次，每次在米其林餐厅边吃边谈六个小时左右。第一次我跟他讲这个市场有多大，第二次跟他讲我们的梦想是什么，第三次跟他讲我们现在的团队是什么样的、已经做了哪些事。

我在挖汤姆·米切尔教授的时候，把尽职调查报告都给了他。我想给人一种信任感。其实他跟投资人一样，加入我们一定是看未来的发展，而不是现在。这种方法效果非常好。

苏德中： 总结起来，就三个要点：一个是不要脸、一个是花时间、一个是有深度。

凯叔： 我们刚开始创业的时候，是在一个民居的两居室里，只有两个助理。那时候它根本不是一家创业公司，只是一个个人艺术工作室。那时候我说这个公司永远不会超过12人。但是现在已经有四五百名员工了。

刚才您说"凯叔给孩子讲故事"，其实早就不是了，是许多中国优秀的声音艺术家一起给孩子讲故事。2018年，我们生产了4000多集内容，我讲的内容不到1/10；2019年，连1/40都不到。现在我们已经是团队作战了。

刚开始是一个人战斗，一个人活成了一个团队，文案自己写，录音也是自己干。自己一个人经历了所有的事情，并把这个过程总结成方法论，再把方法论变成企业文化，根植于每一个小伙伴的心里。为了保证这样的方法论顺利实施，就要建成一种流程、机制，让这种方法论可以在一条河里流淌，建立自己的河流原则。

原来我觉得自己是内容创作者、艺术家，公司大了以后，发现现在是一堆艺术家在一起。更复杂的是，公司里最大的团队已经变成了技术人员和工程师团队。艺术家和技术人员只是其中两种非常有个性的人才，公司里可能有七八种完全不一样的人，怎样才能让他们做同样事情的时候相互理解、语言通畅？公司的职务级别是按照传统公司还是军事中旅、团、营、连、排、兵那样一层一层地去排吗？还是把它变成一个个特种部队？特种部队之间的文化怎么去协调、怎么去打破彼此间的"深井"？什么样的考核用KPI（Key Performance Indicator，关键绩效指标），什么样的考核用OKR（Objectives and Key Results，目标与关键成果法）？用OKR的时候，团队目标和全公司目标如何对齐呢？

我特别同意晓凌兄说的，一个管理者的迭代速度其实就是一家企业迭代的速度。

苏德中： 在您刚刚说的协同、调和的过程中，您担当的是什么角色？

凯叔： 要建立规则。创始人实际上应该做园丁，而不是花草，也不是肥料。你要营造一种环境，建立这个环境运行的规则，这是最重要的。

苏德中：谢谢。张总，你们公司是怎样的？

张翼：我们企业可能跟其他企业不太一样，因为我们的员工确实比较多，大概有几千人。我们是"一对一"进行授课，所以老师会很多。在管理方面，我有两个比较大的感受。

第一是控制方差。公司员工主要分为两种：一种是高层，另一种是基层。高层都是精兵。但教育公司需要比较多的基层人员，基层人员不可能每个人都是精兵，所以这里面有一点非常重要，就是企业是要让"三流"人才进来变成"一流"人才出去，还是"一流"人才进来变成"三流"人才出去？

在人才市场上，HR（Human Resource，人力资源）会有许多客观指标来对人才进行评判，比如，某个公司过来的人不太行，一般价格都高于他的能力；某个公司过来的人不错，价格一般符合他的能力。经过公司标准流程生产出来的人才是怎么样的？麦当劳这家公司在招聘的时候，招进来的基层员工有初中毕业的，也有高中毕业的，而有的店长高中毕业就可以胜任，但是一旦他在企业干5年，出去他就变成了猎头的抢手货，因为标准化做得特别好。汉堡烤多久，一切都是标准化的。这里面很关键的

一个点就是要控制方差。我们今天点外卖，快递员送来的时间是10分钟，明天又点了同一个外卖，送过来的时间是30分钟，你就会"吐槽"：这个公司外卖做得不行，一快一慢。公司要有标准化流程，有标准，可预期。

我觉得教育本质上是服务业，服务业的核心在于控制方差。在提高水平的时候要控制方差，底线绝对不能低。我们觉得这是重要的一点。

第二是数据化，就是数据管理、层级管理。为什么互联网企业管理半径可以很高？因为互联网企业非常讲究数据，当企业的数据完全透明的时候，你会发现层级不是特别重要。比如，你是一个CEO，向你直接汇报的人有多少，其实有时候你是说不清楚的。你经常会觉得有10~20人向你直接汇报，可能他们是你下级的下级，但是能力不错，所以我经常看他们的数据，因为数据是完全透明的。

互联网公司的数据化非常重要，我觉得什么都可以骗人，哪怕是数据也可能骗人，但数据需要准确。我们看到很多公司提供的数据有时候是不可信的，你的下级提供给你的数据有时候也是不可信的，因为数据可以有很多展示方式，它可以以一个好的展示方式给你，也可以以一个坏的方式展示给你，但它都是真实的。所以我觉得透明化的数据管理前提是标准化的数据管理，只有标准化的数据才不会骗人，才能让你更加清楚地知道下面的情况和更大规模地去管理。

这是我的两点感悟。

凯叔： 我同意"透明是一种力量"的观点。尤其当企业越来越大、人越来越多的时候，敢不敢透明其实是一个创始人成不成熟的门槛：让所有的数据透明地面向所有的员工甚至用户；让每一个员工知道每一个人都在干什么，并且干得怎么样；向大家公开一个严谨的、共同的标准……这种信仰一旦形成，力量是非常大的。

另外，我很好奇，你们管1万个老师和5万个老师有什么不同？

张翼： 凯叔问的这个问题也是无数投资人问我们的问题，因为这确实是一个很核心的问题。管1000个老师和2万个老师，整个组织系统是不一样的。当然，数据透明和战略透明化是决定这个组织是不是有活力的核心。

管理系统从1.0变成2.0是不一样的。比如管1000个老师的时候，可以让这些老师相对自由地发挥，给每个老师提供一些课件的碎片，让他们根据课件去组建自己的课件。但是管2万个老师的时候也用这种方法，可能就不行了，为什么呢？这2万个老师中可能会有100个老师没做好，一旦没做好就会形成特别恶性的事况，有老师做得特别差就会毁你的口碑。所以你的标准化程度就要更上一层楼，比如老师不需要有备课的空间，我们智能化生产课件，老师用课件直接进行课程内容的控制。到更大规模的时候，老师可能连作业都不需要布置，系统直接定制化，识别每个学生，帮老师做记忆。再进一步，一个老师带的学生量非常大的时候，其实他是记不住每个人到底上节课学会了什么、没有学会什么的，这也可以让智能化机器来记忆，所以这个系统必须不断地升级。

苏德中：初期都是以选对人为核心，我想知道，这个标准化到底是怎么做出来的？我们到底什么时候会有底气觉得不管什么能力等级的人，进到我们公司之后，都能够因为标准化或者是企业的文化制度而变成一流人才？

张翼："三流人才"在我的逻辑里并不是指能力差的人，而是指有潜力的人才，可能他现在的价位不是市场的最高位。当公司需要很多人运作的时候，不可能所有人都是特别贵的人。当然，我觉得高层、中高层一定要是牛人。能招牛人当然最好，但是对于广大基层人员，我们要识别有潜力的人，并把他们变成一流的人才。

很简单的事情，为什么在一个规模化的"一对一"企业里，一个工作半年的老师能够产出跟线下工作两年的老师一样的课程？我们可以把这个老师的能力拆分出很多种能力，如出题的能力、识别学习漏洞的能力等，并全部用课件弥补这些能力。以往线下上课的老师，一节课上得好不好八成靠老师、二成靠课件，但是线上是要做到一节课上得好不好三成靠老师、七成靠课件。在这个前提下，半年经验的老师输出的课程质量甚至超出一个有一两年经验老师的输出质量，因为你的课件的影响力达到了七成的比例，而他一进公司就能达到这种水平，再通过两年的磨炼还可以提升至更高的水平。

苏德中：赖总，我们讨论了两个问题：一个是团队、人才，另一个是管理风格和管理制度。站在投资者角度上，你怎样看这两个问题？

赖晓凌：第一，很多互联网公司管理者或者是创业者绝大部分过去都没有管理几千人的经验，因此需要很强的学习能力，同时也需要辅助一些新工具。所以我说一定要做大数据、互联网和系统化、标准化，这是一方面。另一方面，你们要用好你们的董事会，在董事会中，你们的投资人都有丰富的管理经验和很强的管理能力，也能找到一些好的人来帮助你们。董事会是让你们在管理能力方面成长的一个非常好的工具。

第二，管理是阶段性的，在不同的阶段应该有不同的管理。管几百人和管一千人、一万人肯定不一样，每个阶段的管理风格、手段和策略都是不一样的。在座的各位可能有你们自己的体验。

第三，我想重点强调一件事情，我认为对一家创业公司而言，管理真的没有业务那么重要。管理，一个是"管"、一个是"理"，要管住、理清楚。但这会带来一个很大的问题，员工创新性和积极性都会下降。也就是说，管理一定要跟公司的发展阶段配合起来。

所以很多时候，在中国你会发现，一个非常优秀的管理者很难创建一家非常杰出的公司，这是一件很矛盾的事情。所以我认为管理是阶段性的。在几百人的时候，你想管得井井有条，对这家公司而言是挺难的。我反而愿意说，一家公司在前期的时候乱点挺好的，因为公司的创新性和业务都在成长，而这两者是相辅相成的。

我讲得不一定对，但是我这10来年观察出来的一个现象。

苏德中：我看过一篇文章，标题是《线上教育"大逃杀"》，文章中提出了两点：一是获客成本非常高；二是大逃杀，逃到哪里？二三线城市在线用户是不是更多？回到开始我问的第一个问题上，目前在线教育获客、版图扩张等环节中什么是最难的？

张翼：每个企业都不一样，教育的赛道很大，每个赛道也都不一样。市场上大家都在讨论从前端获客到后端各种各样的问题，其实我觉得都是同一个问题，就是这个产品是不是能继续满足新客户的需求。

事实上你会发现，在这个市场上，一线城市大部分人已经能够接受在线教育了。很多在线教育公司的大量用户都是在一线城市。而二三线城市用户的需求是不一样的,例如对性价比的需求。公司在经历第一波增长之后,能否经历第二波增长,产品会不会进一步升级或降级,是非常核心的事情。

对于我们来说,学科辅导这个赛道比较特殊,一开始做学科辅导是从二三线城市开始的,最后才走到一线城市,而重视素质教育的人都在一线城市。因为各个市场都不一样,所以需要看每个市场的天花板。

所以,我认为,到最后还需要看你的产品和定价,性价比是不是能够符合接下来第二波下沉的需求非常重要。

凯叔:我们跟大多数在线教育公司可能不太一样。我相信大多数公司的获客成本是高的,他们考虑的是怎样降低获客成本、怎样能拉新。而我们做的是"儿童内容+教育",内容本身也是教育,我们的获客成本是极低的,用户是凭口碑和好内容获得的。但其实我们也面临很多可能性和挑战。

我们一直帮助孩子成长,0~12岁的孩子都是我们的这客户,这反过来会提升我们其他方面的能力,比如提高做音乐的能力等。于是,我们进入了儿歌产业,虽说"凯叔·儿歌"这个品牌刚刚成立,但专辑已经上线,效果非常好。

我们是不是可以为0~12岁的孩子做全方位的服务?儿童成长的脉络图谱如何搭建?是不是在每一条分值上都为孩子们准备了它成长的精神食粮、内容食粮以及教育食粮?是不是一直保持了产品的品质?

像我们这样一直坚持以做极致内容、极致产品为初心的公司,时时刻刻都得提着这颗心:这个意识是不是松懈了?公司人多以后,是不是每个人都明白我们的生存之本?这件事是极其重要的。

我们的获客成本低,但转化率可以不断提高,ROI(Return On Investment,投资回报率)可以不断提高,怎么才能做到呢?怎样让所有的用户都知道,你的内容本身就是教育产品呢?怎样让广大的爸爸妈妈了解《凯叔·西游记》的目的是普及中国古典文化常识、《凯叔·三国演义》的教育目的是沟通能力和领导力的启蒙?我们怎样围绕这个目的搭建认知阶梯?怎样用最有效率的方式让用户瞬间感知到?所以我们表面上获客成本低,当然前提是产品好,但更重要的是,用较低的成本做了多少事情?这是我们永远面临的挑战。

栗浩洋:其实,在线上单个学生的获客成本为七八千元的情况下,我们有80%都是线下获客,单个学生获客成本大概只有七八百元,甚至在三四五六线城市七八十元就可以做到。

我们十几年前开创的一元学外语,就是学习体验式营销,先让用户来体验,只要产品足够好,让他深度体验,用口碑和质量征服他,转化率就会非常高。

另外,我们还采用了权威式的转化方法。最近两三个月我在做抖音,每天发一条,才两个月播放量已经达到1亿了。而且我在抖音上同时是家庭教育的专家,给家长、孩子们传输一些全球大师的教育理念,还有一些海外的科研成果,让他们深度了解,增加对我们的信任感。我们还参与央视、湖南卫视的一些节目,传输我们的价值观,这样家长对我们的信任会更高。

一二线城市用户非常了解人工智能教育,但近几年三四五线城市的学生比例也大幅提高,对于他们而言,体验式和权威性的转化效果会更好。

苏德中:赖总,你能不能从投资方的角度分享一些教育行业中将一手好牌打烂的公司案例,以及他们中间踩过什么坑?

赖晓凌:大家都在讲创业、投资,中国有几千万家公司,但在中国资本市场A股上市的只有近4000家,2018年注册的新公司有几百万家,但能拿到融资的比例非常低。在每轮融资中都有死掉的公司，这很正常。

会选择创业的人大多不是一般的人，理论上这是条不归路，你只有逼着自己不断往前成长、不断往上走，才能生存下来。

比如在管理上，我刚才说，管理可能没有业务成长重要，但是真的管砸了之后业务也没成长的最终会死掉，这种公司大部分会在B轮死。比如一家公司成长至近千人的时候，它对管理人而言是一个非常大的挑战。一般而言，公司的员工在700人以下，你只需要努一努力，相对还能管得住，而且你还能认识至少一半以上的人。当公司员工超过700或者1000人以后，你会发现大部分人你都不认识，他在做什么你也不知道，公司的资源在大量消耗，等你反应过来时，可能这家公司就没了。虽然我认为管理能力是第二位的，但如果管理能力实在太差，"流血"会非常快，而且是在不知不觉中流失的。这是B轮很多公司死掉的原因。

在A轮死掉的公司，绝大部分是选择的赛道本身就有问题，这个赛道可能是新的、是不存在的、是凭空臆想出来的。我们每年会见几百家公司，每个人都讲他的商业模式是创新的，他的客户群是没被关注过的，产品是前无古人的，但是这三个因素会带来很多问题——模式没被验证，而且也没办法去验证，所以只能先做。在这过程中，淘汰率达到90%。

最惨烈的一种是C轮后的临门一脚，那时候的竞争其实是拼刺刀式的竞争。太阳底下没有新鲜事，任何一个生意只要是赚钱的生意，有前途的生意，到最后都是一模一样的生意，没人关注你是创业公司、互联网公司还是传统公司，这时候大家都是刺刀见红了，这是综合能力方面的竞争。这一阶段最重要的是别犯错，比如管理问题、商业问题等。

凯叔：我特别喜欢晓凌兄说的那句"太阳底下没有新鲜事"，其实现在大多数好的投资人，都会用这种心态去审核大多数的创业项目。

刚刚创业的时候，每一个创业者都雄心勃发，很多创业者都认为自己是在创新，但是创新和"太阳底下没有新鲜事"这句话是互斥、矛盾的吗？其实并不是。

越早期的创业者其实越应该学会找到对标对象，即使自己的创业方向好像没有对标对象，但是在其中的业务上，你也一定能找到，因为这个世界上你绝不是最聪明的那个人。如果你的动作连一点对标都找不到，那你要先想想是不是这个动作本身有问题。这件事对于初创企业而言是非常重要的。

苏德中： 就像我们做日托的，创业的时候国内没有一个成熟的品牌，但是美国有。但我们的创新在哪里？不是全盘去抄。比如美国没有监控，他们非常注重隐私，但我们要和用户、家长建立信任，监控就非常重要。日托是原来就有的东西，但我们做的方法不一样，这也是一种创新。

此外，做日托在国内虽然没有对标，但如果要注重服务，那能不能运用星巴克体验式服务的逻辑？我们想让团队提升，激励团队可不可以参考海底捞模式？换句话说，创新并不意味着我们全部从0到1产生一个新的东西出来，而是在现有的基础上对标境外、国际，以及在某些方面上对标本地，进行融合，从而改变我们这个行业，进行服务上的优化。从某种意义上说，创新是一种优化。

最后，我总结一下今天的教育论坛。

第一，现在在线教育并没有到下半场阶段，还是上半场，而且是刚开场的时候。我们在座的嘉宾在这一阶段做得很好，大家都在很努力地拼执行。在这过程中，就像赖总说的，别犯错，不要在追逐的过程中出现一些致命的问题。

第二，不管我们怎么说，都很难用一两个点去剖析一家企业成功或者说目前成功的原因。但在座的都是企业的掌舵人，他们现在关注的或认为重要的以及认为是潜在的"坑"的东西，都能为其他人提供一些启示，他们分享的思想非常有价值。

竞争时代下的企业战略之道

近两年，世界贸易紧张局势不期而至，经济下行压力空前加大，中国在经历一场严峻的挑战。在大变局的时代，企业需要依托不断改善的企业外部环境，扎扎实实做好自身的经营和管理，从企业战略和竞争两个维度来认知环境，从而真正理解机会在哪里，真正的挑战和价值是什么？

在2019年亚布力论坛第十五届夏季高峰会上，正略集团董事长赵民、君智咨询董事长谢伟山围绕上述问题发表了演讲；武汉当代科技产业集团股份有限公司董事长艾路明、亚商集团董事长、亚商资本创始合伙人陈琦伟、WOO品牌创始人、董事长孙青锋，太阳雨集团总裁陈荣华进行了深入讨论，中央人民广播电台主持人杨曦主持了本场论坛。

杨曦： 今天我们讨论的主题是"大竞争时代下企业的战略之道"。首先，为我们带来演讲的是赵民董事长。

赵民： 我讲三个层面。我们在这里讲的战略一定不是小企业的战略、创业企业的战略，而是行业领袖企业的战略。

第一个层面，还是要问那三句话：我是谁？我从哪里来？我要去哪里？这三句话始终是做人、做公司和做团队最根本性的问题。

首先，我是谁？这和一家公司的历史、创始人以及管理团队定下的目标紧密相关，我是谁决定了我的目标是谁。一个企业做到前5名、前8名乃至行业龙头的时候，它的行业定位、目标需要非常清晰。这不是管理科学的问题，而是管理意识的问题，与一个人的家庭出身、生活的年代、周围人的影响有关系。

这两年中国做公益的企业家多了，一个是受亚布力论坛的影响，另一个是受阿拉善SEE生态协会的影响，这都是无法用管理科学的基本道理来回答的事情。但是，可以用"我是谁"来解释他们为什么会做公益，为什么会有这样的公司战略。

其次，我从哪里来？如果一家企业没有做满10年，就不要请咨询公司做战略。因为企业没做到10年就还没有走过一次危机周期，就像人没有走过一年的春夏秋冬一样。任何一家企业，如果没有遇到过低谷、没有遇到过挑战、没有遇到过艰难时刻，就不能说是一家成功的企业，领导者也不能说自己是一个成功的企业家。

已经走上创业道路且时间还不够长的企业家，最难得的是能够活下来、活得长、活得久；是能够经历冬天之后，别人都死掉了，你还活着；是别人在冬天奄奄一息的时候你越做越大，正如今天的华为。优秀的、成功的企业在它们的发展史上都经历过几次巨大的挑战、寒冷的冬天。

最后，我要去哪里？这个问题跟三件事有关。第一件事情是资本市场。第二件事情是国际化。最简单的国际化就是你的客户是国际客户，你可以在互联网上提供服务。国际化不但带来语言的问题、支付习惯的问题、信用的问题，更带来产品质量、供应链和服务质量变化的问题。第三件事情是互联网和数字经济。不谈数字化的公司战略、不谈面向客户的数字化流程改造和服务改造，是无法帮助公司成为优秀企业或者行业领袖的。

第二个层面，今后所有的战略都要找到与人工智能的结合点。如果一家公司在做未来三五年的战略规划时，不考虑将公司业务、客户服务与人工智能相结合，那么在5年之后，这家企业很有可能在竞争中被淘汰或是沦为二流企业。

我们回过头去看2008年，那时有谁在谈研发、有谁在谈自主创新？再看5年前的时候，有谁在谈金融风险？所以，战略就是要回答5年以后谁是优秀者、谁是领先者的问题。当然，在今天的中国，一定要考虑和人工智能结合的事。

第三个层面，企业战略规划还需要结合所在城市的规划布局，以及企业自身的人才布局，包括未来5年的发展战略。

杨曦：谢谢赵董事长，下一位演讲嘉宾是君智咨询的谢伟山董事长。君智咨询并不是战略行业的老品牌，很年轻，但是成就非常大，服务过飞鹤、雅迪等知名公司。有请谢董事长。

谢伟山：今天，我会站在微观视角上，告诉企业家们抓住哪个要点就能够摆脱当下的经营困境。近4年，我们用这个方法帮助了16家企业实现增长，其中有9家企业是中国的行业老大，也帮助了5家企业实现百亿元规模的突破。所以，这些观点是已经被实践证明了的，是非常实用的。

我的主题是"中国经济的新机遇"。任何一个视角、观点，解决了当下的问题才可能是新颖的。当下的核心问题是在日常经营中所遇到的问题，实际上是全球企业家在当下所面临的共同问题。但是主流的学术机构、专业人士并没有去解决这些问题，如果我们能够解决，就能跑在前面。这就是我们面临的新机遇。

讲新机遇之前，我先谈谈问题。

今天的商业世界发生过两次大地震。第一次大地震是移动互联网时代带来的变化。如今，人均每天使用手机上网的时间逐年增长。这样的变化给企业带来的是什么呢？传统的企业跟顾客之间的沟通方式受到了非常严

转型突围

重的影响,结果就是企业与顾客之间形成了一个深深的断裂带。我们用传统的方式跟顾客沟通变得几乎不可能。

由于传统媒体的效果受到影响,2018年中国的品牌广告费用首次出现下滑。这是企业经营面临的一个困境,但不仅仅是中国品牌,所有的国际品牌在中国的经营也都或多或少地面临着这样的困难。

第二次大地震影响更加深远,就是现在的企业经营竞争空前激烈。比如4年前出现了共享单车,随后一年多的时间里就有七八十家共享单车品牌产生,但现在这个行业已经是一地鸡毛。再比如,微信公众号是所有商家必用的武器,现在有超过2000万个公众号,我们日常用到的其实非常少。还有就是每年"双11""6.18"等全国性的购物节,全年打折促销性的节日有48个。这种打折促销节日不仅国内有,全世界都有。我们可以到所有的百货、专业市场去看,永远都会有各种促销折扣信息摆在那里。大家认为,如果没有价格折扣是不可能生存的。

这种情况就导致了一个问题,企业如何摆脱这种大竞争?如何摆脱价格血战?我认为还没有成熟的理论。这里面有一个标志性的事件。研究竞争战略的全球竞争战略之父迈克尔·波特先生,所有商学院用的教材、国际咨询公司用的理论都出自他的手,他有一家做竞争战略的公司,苦心经营了30年。但是,2012年他的公司破产了——被德勤公司收购了。这意味

变局——中国企业迎战"黑天鹅"

着我们在白热化竞争面前，理论和实际又出现了一个断裂带。今天的企业如何摆脱价格战，并没有合适的理论去牵引、指导我们。

我们是怎么做的呢？我以飞鹤奶粉为例。2012年，我们遇到飞鹤。2008年三聚氰胺事件以后，国产奶粉受到了国人的抛弃，市场份额从65%下降到30%以下。而且这30%多的国产奶粉只是在县乡镇有销售，当时飞鹤是排第9的企业。2015年，竞争已经惨烈到连进口奶粉都在打价格战，经常买五赠一。价格战越打越激烈，国产奶粉更加举步维艰。

这个时候我们如何迎难而上？我们用的方法是，回到中国人古老的智慧中去，叫"得民心者得天下"。1920年，英国哲学家罗素应梁启超之邀来中国讲学，目睹了山河破碎、贫穷落后的中国。那时，没有一个人看好中国，但是罗素却说现代科技如果结合中国古老的智慧，将会迅速创造出比欧美更美好的文明。今天，这个场景正在慢慢实现，我们已经超越了日本，逼近美国，GDP增长速度越来越快。

我们的文化自信来自哪里呢？中华民族是世界上所有的民族文明里唯一没有断裂的民族，在竞争中我们反而有一种坚韧的东方直觉引导我们走出困境。"得民心者得天下"这句话在企业经营中非常重要。我认为迈克尔·波特先生的学术著作犯的最大错误是对人性的忽略，竞争三部曲里没有对顾客心理的研究，他对顾客的了解其实并不够。而我们今天经营企业，如果能够对顾客充分了解，把其变为企业的一个经营要素，去引导企业经营的方方面面，我相信中国企业在激烈的竞争中会获得空前的竞争力。

这个竞争力怎么来的呢？以飞鹤奶粉为例。中国人会觉得中国的奶粉科技含量不高，安全性得不到保证。但是在中国人的头脑里有一个观点，叫"一方水土养一方人"，我们可以借用它。飞鹤作为来自东北黑土地奶源的一个国产奶粉，它的优势是只为中国市场服务，它更懂中国人。经过三甲医院的医学临床验证，婴儿服用它的效果是最接近母乳的。而且，它也是全世界第一个用全产业链去经营婴幼儿奶粉的公司。

它没有受到三聚氰胺事件的任何影响，但是受到了拖累。我们怎么帮助它走出来？我们利用"一方水土养一方人"的思路，把飞鹤定位为更适合中国宝宝体质的奶粉。这个经营点是怎么来的呢？是战术导出战略。业务员在一线跟顾客沟通的时候，会讲飞鹤奶粉跟洋奶粉的区别是更适合中国宝宝的体质，从顾客的认知中找到共鸣点。我们把这个战术上升为企业的战略，再通过企业的运营来倒推理论的改革。那么，一个更适合中国宝宝体质的奶粉该如何定价呢？2016年，我们大胆地把它的低价产品舍掉，然后参照全球第一品牌惠氏高端系列"启赋"定一个高价的产品。

企业经营中各项KPI的设置与顾客的反馈直接关联。经营企业所有的动作要做到力出一孔，这个"孔"就是人的感觉。中国人讲"得民心者得天下"，在企业经营中，这个古老的智慧会把中国的经济带上一个新高度。

我们来看一下飞鹤的业绩，从2015年开始连年增长，到2018年已经成为行业营收第一，突破110亿元，利润非常可观。它没有去打价格血战，却已经成为中国第一，而且2019年它的营收同比增长了32%。

为什么中国经济会有新机遇？因为中国人的哲学就是研究人与人的，不像希腊文明，是研究人与自然的。我们解决人与人的关系，研究如何得民心者得天下，这是中国企业家独特的智慧。

当移动互联网时代摧毁了我们跟顾客沟通的桥梁、当大竞争时代令过去的理论出现了一些障碍的时候，其实是中国经济的一个新机遇。关于如何去跟人沟通，如何去理解人，中国古老的智慧里有独特的答案。我觉得把《孙子兵法》——中国古老的智慧植入现代理论中，再造西方的商业理论，这就是中国企业家要走的路，所谓的自信就来自这里。

此外，中国市场还有非常多的优势。我提炼出几大优势跟大家分享一下。

第一，今天的中国是全球最大的单一市场。中国中等收入群体人口超过4亿，而美国总人口也才3亿多，而且根据美联储发布的报告显示，近一半的美国人拿不出400美元现金来救急。中国内需的潜力非常大，全世界近一半的奢侈品都是中国人购买的。中国这么一个巨大的市场恰恰是中国企业家的一个特别大机遇，一家企业能成为中国第一就很有可能成为全球第一。

第二，中国人非常勤劳。我相信以我们当下的智慧，加上中国人的勤劳，中国的机会在未来10年更加不可限量。

第三，中国的文明有它独特之处。我非常喜欢《孙子兵法》，研究了很多年，《孙子兵法》有很多智慧。尽管中国是一个后发国家，但当我们用新的理念往前走的时候，我们敢于学习甚至超越西方的理论。我认为中国经济的前景一定是令人期待的。

杨曦： 感谢谢总为我们带来的演讲，下面进入圆桌对话环节。当下，外部环境复杂多变，大战略又要追求长期稳定，那么，企业家们如何处理外部竞争环境的突发多变与战略长期稳定之间的矛盾？简单地说，企业家应该坚守什么？迎合什么？学习什么？改变什么？首先有请艾总。

艾路明： 对于我们来说，坚持国际化是一个长期的战略。我们已经在15年前开始了这个战略，虽然付出了巨大的代价，而且到今天并不能说完全成功，但是我觉得既然是战略，那就是一个长期的事情。你是否愿意面对这样一个大竞争时代？如果你觉得不可逃避、必须面对，那么你就必须在这样一个时代背景之下制订自己的长期战略。

国内的思路我不多说，我想谈谈国际化的进展。我们是15年前开始推动国际化发展的，无论是体育产业、医药产业，还是旅游产业。我们认为，与其引进，不如打入，去直接参与。我想这样一个过程，可能会给予我们很多富有价值的启发。所以，十几年前我们的医药产业开始打入美国市场，当然我们也花了很大的代价。2018年，我们基本上在美国的主要市场站住了脚。你可以到美国的主流医药商店里看一看，有一部分产品是我们生产的。这在过去是不可想象的。同时，我们希望在美国新药市场上发力，但2018年年报显示亏损4.5亿美元。这是否意味着我们失败了呢？我不认为。一个战略推动企业进展时，必须面对各种可能性。在新药市场的失败并不意味着我们要退出美国市场。2019年，我们继续坚定这个战略，加大了投入力度，已经开始发力、开始盈利了。

在一个国际化时代，在一个中国继续走向开放的时代，在中国成为全球第二大经济体甚至未来希望它成为全球第一大经济体的时代，你不得不把企业也加入这样一个开放的潮流中去，因为只有这样才能够真正地在未来国际化的竞争中取得一席之地。

除了医药领域，我们还参与了体育市场。通过收购西甲俱乐部、参与NBA*俱乐部，了解全球体育市场是如何运作的，包括在亏损的情况下如何赚钱。我们搞清楚了它们赚钱背后的原因、战略和体制后，这两年在国际体育市场上加大了发力的力度。我们将英超的转播权拿到了手里，也将2021年到2028年亚足联赛事的独家版权拿到了手里。这是我们迈向国际化最重要的一步，意味着我们进入了体育市场的高端领域。虽然国内体育市场每年都在亏损，但是我们在国际市场上已经看到了盈利空间，看到了中国体育事业未来发展的巨大空间。

在中国这样一个发展状态下，有很多领域是空白的。过去所有亏损的领域都有可能变成盈利的领域，比如飞鹤奶粉。所以，不论遇到什么困难，我们都要坚持国际化战略。相信未来我们不仅能够在国内的某些领域保持领先，也能够在全球某些领域成为领导品牌。

杨曦：谢谢艾总。陈总，亚商的投资方向是什么？现在在投资领域很流行做长期主义者，您觉得在中国做一个长期主义者有困难吗？

陈琦伟：从大概念来讲，中国过去20年是黄金时期。现在大家首先要意识到，我们进入一个完全不同的时代了，做事的方法要跟以前有些不同。

我投资了120多家企业，也接触过很多企业家，现在他们普遍陷入了困难境地。这是事实。我们不可能再像过去20年一样一以贯之地意气风

---

* 美国职业篮球联赛。

发，总是看不到前面有什么更大的机会、更多的发展，这个阶段更多地需要停下来反思一下。很多企业现在碰到坎儿了，碰到坎儿的时候就要反思一下为什么会进这个坎儿？进了这个坎儿怎么出来？这是逻辑问题。

战略这个概念已经讲了几十年，但是我们首先要清楚中国企业做事情的缺陷在哪里？为什么现在大量的企业倒闭、爆仓，企业生命周期大大缩短？核心原因并不是战略讲得不够，而是逻辑讲得不够。中国人天生就是轻视逻辑的，我们讲目标、讲初心、讲使命，却忽略了中间的过程。你有很宏大的目标，但是否一定能做得到？这中间是有逻辑的，我们太忽略逻辑了。这绝对是值得中国企业重视的一个重要方面。

我们在2019年上半年做了一个中国最具健康成长力30强上市公司的评选，关注企业健康成长的逻辑。我们有非常深刻的体会。

我们先用大数据在全国近4000家A股上市公司里做筛选，筛选出来200家。然后，我们用自己开发的人工智能评估系统进行评估，评估出59家。之后，我们又组织了一个30人的专家委员会，筛选出了39家。我们探究这些企业里面的共同点，与十几位掌门人进行了面对面交谈。他们的共同点佐证了我们的认知，就是在一个混沌的时代，要讲究逻辑、讲究坚持，逻辑清楚了做事情就不会摇摇摆摆。

所以，我想要表达的是，在当下一个变革的时代，我们做企业战略，要更加注重逻辑。

杨曦： 谢谢陈总。请问孙总，2002年您是如何进入围巾这个领域的？现在还是只做围巾，没有别的产品吗？是什么让您一直坚持，而没有再向别的领域去延伸呢？

孙青锋： 这还是源于一个情怀，因为中国没有奢侈品的品牌。我是一

转型突围

个创业的老司机,1988年就开始创业,创业32年了,前15年做艺术,然后2002年创立现在这个品牌。创立这个品牌的过程中,我就发现在这一领域世界上没有特别好的中国品牌,中国更没有奢侈品品牌。我经常去法国的奢侈品论坛,发现西方人非常狂妄,直到今天也是。我心里很不服气,觉得中国人也可以做这件事。后来我不断地去学习和研究,在2007年带领团队给自己定位——WOO就做中国的第一个奢侈品品牌。我们花了10多年的时间,在全国23个城市拥有55个店铺。当然今天我们也在国际化,走向世界。

杨曦: 18年了,您就没想过做围巾之外的东西?

孙青锋: 我们一直在尝试做新的,开发香水、包包。WOO是做饰品的,像爱马仕一样。

杨曦: 为什么主业还是在围巾上面?是觉得做不好,不赚钱吗?

孙青锋: 都不是。首先我们得先把一个品类、一个品牌做成世界第一名。在这个品类里,你得是世界上最强的,别人才会认可你这个品牌。WOO正逐渐实现这一目标。

杨曦: 公开资料显示,WOO品牌有几个关键词——中华元素、中华文化、奢侈品、世界的艺术性。您是对标国际一流的奢侈品品牌?

孙青锋: 我们对标爱马仕、LV。

杨曦: 您如何向客户传递品牌是有传承的、有历史的,而不是迎合受众,对中华文化片面地、单纯地喜好?

孙青锋: 今天WOO成为中国的奢侈品品牌,其实是源于文化自信,源于中国的消费者对于五千年文化艺术的自信。研究奢侈品品牌的历史,我们会发现奢侈品不是发源于法国和意大利,而是发源于三千年前我们的周朝。所以,中国人有自己的奢侈品品牌、奢侈品集团,是指日可待的。

杨曦：陈荣华总裁，您的产品在民用领域普及很广。2019年太阳雨成立20周年了，您怎样理解企业的坚守、学习与改变呢？

陈荣华：我想简单地把"我是谁""我从哪里来""我要到哪里去"这三个问题说一下。

目前我们是全球最大的太阳能光热企业。我们也是一家A股上市公司。

我们从哪里来呢？我们的企业在江苏连云港，是一家做太阳能热水器起家的公司。

我们要到哪里去呢？这就涉及大竞争时代的企业战略之道了。我们原来是做热水器的，除了太阳雨这个品牌之外，还有一个品牌叫四季牧歌。第一品牌和第二品牌左手搏右手，目标是把所有的竞争对手都打下去。现在整个市场蛋糕在缩小，我们转型做太阳能的北方新阶采暖，包括热水、采暖和制冷。这就是我们在当前时代下所做的升级转型。

我们是做太阳能起家的，始终坚持地一定要把太阳能这个行当做成中国真正的一个名片。我们要改变什么？我们要改变原来固守的热水市场，升级到热能市场去。

杨曦：未来的太阳雨会怎么样？

陈荣华：未来的太阳雨是中国热能专家，从太阳能升级为热能。

杨曦：我们看到许多在垂直领域很有成就的专业品牌都在慢慢向别的领域拓展，太阳雨有没有这样的想法？

陈荣华：我们只会在清洁能源领域去深耕，不会延展到其他领域。如果在其他领域里有产品，那也是一个边际产品。

杨曦：最后，请每位嘉宾用一句话总结一下，在大竞争时代下，企业如何把握战略之道？

艾路明：保持对基础科技的敏感和对国际企业战略变化的关注。

陈琦伟：初心和使命之间，最重要的是逻辑。

孙青锋：中国人要更有自信，要对自己的五千年文化有信心。

陈荣华：大竞争时代下的企业战略之道，就是要解决社会的重大问题，就像太阳雨要解决北方清洁采暖的问题。

谢伟山：以不变应万变，得民心者得天下。

赵民：挣有钱人的生意才是冬天的时候应该做的事情。

国际化与自主创新

当前，经济全球化正进入一个新的时期：一方面，随着国际分工的发展、科学技术的进步和跨国资本的流动，全球化进程继续推进；另一方面，全球民粹主义、保护主义抬头，贸易纷争频繁，掀起了一股逆全球化风潮。未来，全球化与逆全球化的力量将互相激荡。面临新的全球化形势，中国应当如何面对自主创新这一命题？如何降低核心技术与关键技术的依赖风险？中国应当走一条怎样的创新之路？

在2019年亚布力论坛第十五届夏季高峰会上，中国上市公司协会会长宋志平（时任中国建材集团董事长），TCL创始人、董事长李东生，亚布力论坛创始人、主席，元明资本创始人，迈胜医疗集团董事长田源，IBM大中华区董事长陈黎明，霍尼韦尔中国总裁、霍尼韦尔特性材料和技术集团副总裁兼亚太区总经理余锋就上述问题进行了深入讨论，高风咨询公司创始人CEO谢祖墀主持了该场论坛。

谢祖墀： 各位领导、各位来宾，非常欢迎各位来到这个讨论环节。大家都知道，我们正在面临全球化的新局面，以前谈到全球化，谈得更多的是一种发展的规律、发展的局面，现在看来有很大的改变。今天我们很荣幸地邀请到了几位重量级嘉宾，有来自国企、民企、外企的，也有在中美之间"游荡"的投资者。自主创新作为核心问题，我们该怎么把握和处理？面对这个新时代，我们跟国际的关系应当如何处理？开放、合作还是其他？我想先请宋董事长从国有企业的角度来谈谈国企在自主创新方面应扮演什么角色？跟民企甚至外企有什么合作的可能性？

宋志平： 您刚才提到国际化和技术创新两个角度，这两者之间也是有

变局——中国企业迎战"黑天鹅"

联系的。中国建材是一家很特别的央企,是靠混合所有制发展起来的。同时,这家央企在技术创新能力上也比较强,拥有26家国家级科研设计院所,3.8万名科技研发人员,10000多项专利。

现在的情况下,我觉得中国建材面临两个问题,第一个是国际化问题。一方面,中国建材输出了不少技术,在"一带一路"沿线国家建了400多条大型生产线,不光非洲一些发展中国家的企业在用中国建材的技术和设备,跨国公司目前也在用。可以说,在建材领域里,我们不输给发达国家。另一方面,我也希望能够开放地做。比如,在国际总承包过程中,中国建材也是全球采购。像德国的公司、美国的公司、日本的公司,我们也去采购他们的东西,这样就可以提高我们产品的性价比。所以,我们不能关起门来搞两个体系比如美国一个体系、中国一个体系,这是不可取的。从中国建材的实践来看,我们也必须进一步开放,而且我们在国际化过程中主张联合开发,就是和欧洲的公司、美国的公司和日本的公司联合开发,互相给彼此机会,这是我们现在能做到的。

这段时间我本人出国比较多,一会儿去美国,一会儿去以色列,一会儿去日本,一会儿去欧洲……大家可能会问,现在中美贸易摩擦加剧,国

外的贸易保护主义、民粹主义这么严重，宋总怎么跑得更加勤快了呢？我觉得这恰恰是我们应该做的，在这个时刻我们不能糊涂，不能关起门来自己搞，还是要站在国际融合的视角上进行技术要素的组织。

第二个问题是技术创新问题。中美贸易摩擦是个坏事情，也是一个好事情，为什么？因为他们在背后猛击了我们一掌，加快了我们自主创新的进程。像中国建材，加大了国际一流实验室的建设。过去我们做工厂比较多，工人比较多，但是研发比较少。现在我们重新布局，加大研发力度，更多的投资要投向实验室。我们建了三所很大的新材料实验室，这是以前我们没有想过的，因为那时我们觉得技术来源比较容易，但现在变得不容易了。

我们一方面还是希望在国际上有一些技术来源，另一方面真的要加快自主创新步伐了。经过40多年的改革开放，现在的我们已经不是最初的我们了，我们有一定基础，搞自主创新也好、集成创新也好，我们已经有条件了。只是过去我们可能把更多的钱用于规模的发展、速度的提升等方面，而今天要把更多的钱用于研发和自主创新，我们必须进行这样的转型。

谢祖墀：谢谢宋董事长。就像您演讲所说的：你中有我，我中有你，开放兼容。李董事长，TCL在科技界发展了几十年。从以前的国际分工到现在，大家意识到缺乏核心科技是中国科技公司的大挑战，最近的芯片问题让大家对中国公司的自主创新能力产生了很大质疑。请问您对这个问题怎么看？

李东生：TCL作为一个国际化的企业，在这一轮全球经济结构调整中还是受到了很大影响，但我们在发展过程中已经预见到了，这些事情是迟早要发生的。我认为影响主要有两个方面：一是贸易保护主义加剧，不单是发达国家，也包括发展中国家。现在，产成品的国际贸易在TCL业务中的占比已经非常低。2018年，TCL的产品销售58%是在海外市场实现的，但这58%大部分是通过我们在当地工厂生产、销售及服务获得的。美国市场原本是最开放的，是产成品出口的最大的一个市场，我们不需要在当地或者附近建造工厂，因为关税确实很低。但是特朗普总统上台之后，对中国的贸易打击动作很多，我们就扩大了在墨西哥的工厂。之前我们在那里主要生产销往墨西哥和中美洲的产品，现在扩大了这个工厂的规模，用墨西哥工厂生产的产品去支持美国市场。简单来讲，就是全球产业链布局能有效应对贸易保护主义。

另外一个就是技术壁垒，之前我们和很多中国企业一样，面对很多技术专利方面的挑战。我们每年花在海外、应对技术专利的诉讼费用为3000万~4000万美元，一方面利用法律的手段来保护自己，应对一些不合理的、过度的专利攻击；另一方面，最重要的是我们要开发更多核心技术。2018年我们研发投入的资金是50多亿元，超过当年的利润。2019年上半年也是，研发投入和同期利润差不多。为什么投入那么大？就是要在全球经营中达到一定的技术标准和水平，这样我们才有能力走出去。否则，在欧美市场一有技术争端，你不能扛住的话，他们立马就封你的产品、封你的渠道。提升技术能力是提升产品力、竞争力的基础。有这两个基础，我们就有底气在全球市场做得更好。

谢祖墀：谢谢李董事长，听起来您一直都有两手准备：一是全球布局，供应链和生产基地的布局起码要10年以上，说明TCL在这方面很有愿景；二是大量投入研发。

李东生：我们的全球化布局已经有20年了，第一个工厂设在越南。技术布局是10年前开始的，TCL现在是中国企业当中拥有技术发明专利最多的企业之一。

谢祖墀：这两点也值得很多中国企业借鉴，面对全球化的新局面，的确要投入很多资源，而且TCL眼光很好，全球布局一早就开始了。田主席，我知道10年前您选择了生物科技作为主要投资的领域，过去10年您能感觉到中美关系的改变，您也投资了一些美国的企业，请问美国的法律（特别是出口管制）对中国有什么影响？您对中国企业的自主创新有什么思考，有什么好的建议？

田源：我以前从事的是金融行业，近10年我在美国比较多，主要做生物技术投资。我的投资分两块，一块是被动投资，在一个新药研发公司里投几百万到几千万美元，做一个股东，但这算是被动投资，因为它有人在管理。我今天分享的是我在美国投资的一家高科技公司，我先是做了四年的董事，后来又收购了这家公司，成为董事长。对于公司的整体情况，比

如员工、技术、产品、市场以及它和中国的关系,我有很多体会。

这是一家高端医疗器械公司。现在治疗肿瘤最好的设备就是质子刀设备,这家公司就是生产这个设备的。它是用一种电磁的方式把一个非常小的粒子(质子),在非常短的时间内加速到光速的70%,然后有控制地打进人体里,从而达到打断癌细胞DNA的目的。

这个技术已经有100年的历史了,但是近20年才变成一个高端的医疗器械。也就是说,20年前美国才有了第一套可以在医院里使用的质子刀设备,它可以治疗乳腺癌、头脊癌、前列腺癌、肝癌和各种儿童肿瘤。

所以我收购、投资了这家公司。这是一个革命性的技术进步,它把一个巨大无比的加速器——一个像足球场那么大的系统缩小到只有220平方米,同时使成本降低到原来的1/6~1/8。而我作为一个中国投资人,和一些中国基金、地方政府一起投资了这家公司。因此,现在我有了另一个身份——一家美国公司的董事长。

这几年,我发现中美在这个行业的差距还很大。美国这家公司是2004年成立的。当时,有一批科学家就想怎么把这个大型设备做得更小,而且效率更高、成本更低。过去十几年,这家公司花了5亿美元做研发和运营，2012年实现了最初的设计，并通过了FDA（Food and Drug Administration，食品药品监督管理局）批准。我们国家现在大概有8家鼎鼎有名的科研机构在研究同样的设备，但是我看到一个什么现象呢？我们国家的研究机构还在研究上一代也就是20年前的那种设备，又照着那种设备的路子往前走，而且国家也给了不少研发经费。

这让我感觉到，有一些科技世界上其他国家已经走在很前面了，我们国家还在后面跟着，这其中有5~10年的差距，我们还在不断地投资，这是不合算的。我就看这些美国公司是怎么管理运营的，我发现几个特点：第一，他们和斯坦福、伯克利、麻省理工等名校和著名实验室有密切联系，信息是流动的，能掌握到最新的东西；第二，他们都站在科学和技术的前沿，比如我问他们一个问题，他们能迅速拿出一堆最新的论文。而我们国家的同行在这方面与他们有比较大的时间差，也就是说，对世界上最新、最近的科研动态不是很知道、不是很了解，越细的层面、越技术的层面、越是大家不熟悉的层面，我们的差距越大。一些知名度很高的论文大家都知道，但真正到技术层面差别就非常大。

从这个角度来看，我们国家的技术创新一定要开放，不能脱离国际先进国家的学术机构、科研机构和先进公司，也要高度关注这些专利的发展。像我们这个产品，大概有250项专利，这就形成了一种保护。即使你觉得这个做得好，你也没有办法仿制，我们在中国、美国、欧洲等很多地方都注册了专利。

谢祖墀： 谢谢田源主席，您的经验非常宝贵，因为您在美国，看到美国公司的科技发展以及他们与市场的紧密关系，马上就可以看到中美之间的差距。这个问题怎么解决？我个人感觉不是中国说要解决就能马上解决的。

陈黎明陈总，从一个外企的角度来看，您认为中国自主创新究竟应该怎么去做，如何克服挑战？外企可以在中国的自主创新中扮演什么角色？你们希望中国能自主创新吗，还是不希望？

陈黎明： 讲起外资公司能够在中国的创新当中扮演什么角色，我想引用商务部前部长陈德铭2018年的一个讲话，他提到一组数据：改革开放

以来，外资企业占中国企业总数的比例不到3%，但提供了1/10的城镇就业，贡献了1/5的税收收入、1/4的工业总产值、近1/2的进出口。

时至今日，外资公司面对今天的挑战应当扮演什么角色？今天柳传志董事长提到美国逼中国科技脱钩是痴心妄想，但是我的确看到一些学者在说科技脱钩，我认为这是非常危险的信号。今天我们不仅仅产业上交织在一起，技术上也是交织在一起的，怎么脱钩？我们改革开放的初心不是为了向自己看齐，也不是向当时的苏联看齐，更不是向朝鲜看齐，而是向发达国家看齐，我觉得改革与开放还是要成为我们的主旋律。前段时间我写过一篇文章，呼吁通过对话来解决贸易上的争端，在中美两国都发表了。从IBM的角度来说，坚持认为开放与合作应当成为我们的主旋律。

我简单分享一下IBM是怎么做创新的。作为100多年历史的老牌企业，IBM依然保持着非常旺盛的创新能力，仅2018年的专利就有9088项，比排在它后面的三家美国IT公司的专利数总和还多1000多项，这是公开发表的数字。为什么能保持这么先进？IBM创新有一个特点，科学家的研发经费，公司投入只占30%，剩下70%的经费要去公司外面找，这就带来三条经验：第一是要开放，你要寻求跟别人合作，寻求资金链来源；第二是要贴近市场，你的技术不能够贴近市场，就不能迅速地产业化，没有人愿意给你投钱；第三是要耐得住寂寞做一些最前沿的研究，国内很多企业家应当认真思考这个问题。如果没有基础科学，一些重大科技很难有突破，应用上的突破也就捉襟见肘，就会去依赖别人。所以，自主创新绝对不应当是自己创新。

谢祖墀：谢谢陈总，这些观点都很好。现在我想请教余总，对外企在中国的自主创新中扮演的角色，您有什么观点？

余锋：可能各位企业家不太熟悉霍尼韦尔，我先做一点介绍。霍尼韦尔是一家财富百强企业。霍尼韦尔有100多年的历史，我们是因自主创新而创立的、因自主创新而发展的。因为自主创新，过去10年我们的市值增加了6倍。对中国企业的自主创新我们是抱着欢迎、支持、参与的心态的，我可以举几个例子。

1993年，我们和中石化在天津建立了第一家合资公司。后来又与中石化及其他央企、国企组建了很多合资公司。

此外，中国有几个重要的创新项目，其中一个是C919大飞机，这是中国极为重要的自主创新项目，霍尼韦尔10多年前就积极参与，10个国际招标我们中了4个。霍尼韦尔不只是喊口号，而是在10多年前就派了几百个研发人员支持和参与这个项目，所以我们和中航工业、中航商飞和中航商发都有合作关系。

2019年，我们第一次有机会参加亚布力论坛，我特别希望霍尼韦尔有机会和在座的企业家合作，不仅可以有业务往来，还可以有一些自主创新方面的合作。我认为这过程中会有巨大的商机，因为霍尼韦尔有很多技术。刚才田总介绍了美资企业创新的经验，当然也有不少教训，这里我不介绍我们的专利，也不介绍我们的市场，我只分享两个经验，可供各位企业家参考。

我们有一项技术叫制冷剂，10多年前我们就派技术人员做研究，投资了好几亿美元，尽管那个时候没有任何一张订单。现在美国、日本、韩国和欧洲跑的汽车上的制冷剂，一半以上用的是霍尼韦尔的制冷剂。看准几个重要的东西，持续不断地投入人力、物力和财力，这是我们的一个经验。

另外，我们是一个比较大的公司，有约18000名工程师，其中一半是软件工程师，为什么约400亿美元的销售收入能够实现将近1200亿元的市值？一个极为重要的原因是我们有一定的投入，且创新的效益比较好。另一个重要原因是我们有一套管理系统，内部叫"HES"，翻译成中文是"霍尼韦尔卓越系统"。这套系统不仅用在我们的制造和采购上，还管理着约18000名工程师。过去一年多，我和我的团队通过努力获得了总部批准，将这套系统输出给中国企业，现在已经有两家国企使用了这套管理系统。创新需要钱、需要人，还有很重要的一点是创新的投入产出比。这是我们的第二个经验。

谢祖墀：谢谢余总。我知道霍尼韦尔公司是最早提出"东方服务于东方""东方服务于世界"口号的外企，你们一早就看到了中国和东方的重要性，把很多研发力量从美国或者西方带过来，很有预见性。下面，我想请李董事长补充一下。

李东生：对经济发展，特别是对实业发展来讲，创新特别重要。在经济全球化的今天，对一个国家、一个经济体而言，不可能所有技术都自己做。其实技术和商品一样，是可以交换的，你可以买技术、买专利，用钱获得专利授权，按道理不应该每个国家都自己做。但是美国对于中国企业的技术封锁破坏了这个规则。现在我们就要看这个破坏性的东西是不是可持续，如果它可持续，那么中国就没有选择。我们在核心技术领域必须自己搞一套，关键的东西不能依靠别人。从经济上来讲，这不是最有效率的，但这是被逼出来的。

宋志平：我想结合东生的话讲几句，我也觉得美国的这套做法违反了常规逻辑。技术不是黄金，把它藏起来就行。技术是商品，是随着时间发展而发展的，如果今天不卖，等新技术出来它就一文不值了。在过去的国际分工中，高科技一直是西方的赚钱工具，中国主要是做中低端的东西。如果美国把技术封锁起来，逼迫我们迈向中高端，我们就要自己搞技术，打破过去的分工。我觉得对于美国和欧洲来讲，这不是一个明智的做法。过去几年我到欧洲收购了一些遇到困难的高科技公司，在收购过程中也遇到了些审查，他们有些在这过程中也对要不要卖给中国持保留意见。我说，这些高科技公司如果一点科技也没有，我不会买，但要说特别厉害，那为什么都不赚钱、都活不下去了？我买的三家公司，现在都运营得非常好。

我觉得科技也是，刚才东生讲技术是商品，它符合商品的一般性特征，中国有14亿人的大市场，美国的技术、欧洲的技术不卖给我们，自己

在那儿收藏起来，我觉得不符合逻辑。东生提到破坏性的东西能不能持续的问题，我不认为它能持续。我们也用不着做脱钩的打算，他们的科技公司就是靠卖技术生存，不卖技术凭什么生存？

谢祖墀：谢谢。田主席，请补充一下您的观点。

田源：我们这个公司当时就是宋总说的情况，研发周期很长，技术研发虽说已经成功了，但商业方面还没有完全成功。虽然产品已经投放到市场上了，但还需要继续研发，需要资金投入。于是，他们就在美国市场融钱。当时我们作为平等的投资人就参与了这件事，后来把它收购了。

宋总讲得特别对，技术是有周期的，任何一个技术研发成功以后就面临商业化的问题。如果不能快速商业化，这个技术是会过时的，这也很恐怖。我们的设备投资了5亿美元，如果过时，损失非常大。我们看到这种可能性，所以我们就投资了这家公司，现在又管理它。

我们为什么愿意投资？因为看到了中国巨大的市场。这种设备不仅在美国、欧洲、东南亚，在全球都是有市场的，但是中国的市场最大。它是肿瘤诊疗设备，中国的肿瘤患者非常多，因此我们把它引进中国，来供应中国及亚洲周边市场，这样它可以得到合理的、互利的、共赢的安排。

所有科技项目的研究，如果真是颠覆性技术，一定需要投很多钱，几千万美元、几亿美元都是"小菜"。现在公司有100多位美国专家，我的压力也特别大，每天开门100万元就没有了，但他们确实是一批非常优秀的研发人员。我们还要不断投入这项技术，继续开发新一代产品。

我相信，技术国际化和投资国际化是长期趋势，对各方都有好处，现在的政策限制我觉得是暂时的。2018年我们收购这家公司的时候，担心投资控股以后会不会突然出现不可测的情况，给投资人带来很大损失。所以交易之前我们请了美国最好的律师，把所有的材料都报给美国海外投资委员会，通过75天的审查最后给了我们通行证——这个不涉及国家安全，可以通行。所以，我现在做这件事情是非常有底的，希望能够持续。

谢祖墀：中国的市场力量还是很大的，只要技术开放、继续发展市场经济，机会还是在我们手里的。我想请陈总跟余总再简单地补充一下，谢谢。

陈黎明：我非常赞同田源主席提到的观点，技术交流、技术合作是必然的，由于人的交流、技术的扩散，才使得人类发展这么迅速。其实技术扩散是在加速进行的。我们在一些领域领先了，在另外一些领域可能不及别人，美国也一样，不可能所有领域都永远领先，也不可能一直跟别的社会没有任何交流。不要为阶段性的困难所困惑，技术交流、技术合作是大趋势。

余锋：不管是人力、资金，还是应用场景，中国都有巨大的优势，我鼓励我们企业家坚持自主创新，外资企业也可以积极参与，希望大家一起成长，共同创新，为美好的未来做一点贡献。

谢祖墀：技术创新的确是核心问题，也是需要我们克服的问题，但是我感觉台上各位嘉宾对未来的发展之路还是非常有信心的。谢谢各位。

企业家的定力从何而来

2019年8月的天津，一位75岁的企业家在亚布力论坛夏季高峰会上向中国企业家发出了一声振奋人心的呼喊："今天，我们血脉偾张！"这声呼喊将现场气氛推到了高潮，演讲被掌声数次打断。

这位老人正是联想控股的董事长柳传志。柳传志出生于抗战时期，历经风雨，1984年，不惑之年的柳传志放下中科院原有的"铁饭碗"，走上创办联想的道路，今天联想已成长为一艘巨舰，个中艰辛恐怕只有亲历者才能明白。

"经历过这么多的事，我想说，机会只会给有实力的人。" 柳传志说："我们需要的是什么？是时间，是脚踏实地一步一步往前走，是做好我们自己的事情。"

从他的演讲中，我们看到了老一辈企业家的共性：有血性、熬得住、敢闯敢拼、善于学习……更看到了从刀光剑影中走过来的企业家身上所具有的定力。这种定力对于当前面临困难的中国企业和企业家而言弥足珍贵。

2020年，市场和经济可以用"波谲云诡"来形容。全球市场的变局、互联网技术的挑战、数字化带来的价值重构等，使经济形势更加扑朔迷离，"不确定性"成为企业发展的最大挑战。企业该以怎样的姿态去迎接这个挑战，让自己在这股浪潮中存活、发展？这对企业而言是一个考验。

但这个充满未知的时代，未必不是一个最好的时代。大浪淘沙，沉者为金。越是不确定的时代，就越是凸显企业家精神的时代，也越是考验企业家定力的时代。企业家的定力从何而来？我们从任正非、李东生等为代表的中国企业家身上就能得到答案。

30余年来，华为生于忧患，从一家一穷二白的初创企业，扩张成长为

变局——中国企业迎战"黑天鹅"

全球行业的领导者之一。2019年，华为遭遇美国的"极限施压"，在面临前所未有的危机时，华为和任正非依然从容不迫。2019年上半年，华为依旧保持了销售额同比增长23.2%的强劲态势。这样的增长背后，是华为凭借长久以来坚持研发投入、人才引进、技术创新等战略所建立的强大核心竞争力。

TCL于20年前就开始全球布局，每年投入巨额资金研发核心技术，现在已经是拥有技术发明专利最多的中国企业之一。在TCL创始人、董事长李东生看来，提升技术能力是提升产品竞争力的基础，有了这两个基础，就有底气在全球市场上"拼杀"。

海康威视是全球安防行业的一家龙头企业。2019年10月，包括海康威视在内的8家中国企业被美国列入出口管制"实体名单"。而此前曾有记者问海康威视董事长陈宗年："2019年，海康威视有挑战吗？"陈宗年答："挑战年年有。"这种冷静和从容来自何处？陈宗年在2019年亚布力论坛夏季高峰会上透露了一二，其中有一句吸引了大伙的注意——"企业可以当猪养，也可以当儿子养。我们倾向于后者。"正是因为秉持了"把企业当儿子养"的经营理念，才有了今天跻身国际监控领域"第一方阵"和从容应对美国打压的海康威视。

脚踏实地，做好自己。这就是中国企业家定力的来源，是柳传志给企业家们的忠告，也是那些中国优秀企业和企业家给予我们的真正财富，更是应对各种风险和挑战的关键。

当然，作为企业家的重要思想交流平台，亚布力论坛也将继续秉持自由、平等、客观的精神，弘扬企业家精神，与企业家一路前行。同时，这一目标的成功实现离不开一些品牌理念与亚布力论坛相契合的企业的支持。比如芙蓉王文化，在公众眼中，芙蓉王一直是一个低调、不事张扬的品牌。但就在这种低调中，多年的潜心运作让芙蓉王顺利成为烟草行业中式卷烟的代表品牌。"传递价值，成就你我"，芙蓉王的品牌理念强调价值的传递与成就的共享，这与亚布力论坛的宗旨"让企业有思想，让思想能流传"不谋而合，也与企业家们发扬与传承企业家精神的希望和努力相契合。在此，感谢芙蓉王文化愿意与我们一起，成为中国企业家精神的传递者。